GESTÃO DEMOCRÁTICA E A POLÍTICA PÚBLICA DE EDUCAÇÃO INTEGRAL

Editora Appris Ltda.
1.ª Edição - Copyright© 2023 dos autores
Direitos de Edição Reservados à Editora Appris Ltda.

Nenhuma parte desta obra poderá ser utilizada indevidamente, sem estar de acordo com a Lei nº 9.610/98. Se incorreções forem encontradas, serão de exclusiva responsabilidade de seus organizadores. Foi realizado o Depósito Legal na Fundação Biblioteca Nacional, de acordo com as Leis nºs 10.994, de 14/12/2004, e 12.192, de 14/01/2010.

Catalogação na Fonte
Elaborado por: Josefina A. S. Guedes
Bibliotecária CRB 9/870

P654g
2023

Pinho, Suyane Cristina Ferreira
  Gestão democrática e a política pública de educação integral / Suyane Cristina Ferreira Pinho.– 1 ed. – Curitiba : Appris, 2023.
  134 p. ; 23 cm. – (Educação, tecnologias e transdisciplinaridade).

  Inclui referências.
  ISBN 978-65-250-5342-4

  1.Educação integral. 2. Política pública. 3. Escolas – Organização e administração. 4. Democracia. I. Título. II. Série.

CDD – 370.112

Livro de acordo com a normalização técnica da ABNT

Appris editora

Editora e Livraria Appris Ltda.
Av. Manoel Ribas, 2265 – Mercês
Curitiba/PR – CEP: 80810-002
Tel. (41) 3156 - 4731
www.editoraappris.com.br

Printed in Brazil
Impresso no Brasil

Suyane Cristina Ferreira Pinho

GESTÃO DEMOCRÁTICA E A POLÍTICA PÚBLICA DE EDUCAÇÃO INTEGRAL

FICHA TÉCNICA

EDITORIAL	Augusto V. de A. Coelho
	Sara C. de Andrade Coelho
COMITÊ EDITORIAL	Marli Caetano
	Andréa Barbosa Gouveia - UFPR
	Edmeire C. Pereira - UFPR
	Iraneide da Silva - UFC
	Jacques de Lima Ferreira - UP
SUPERVISOR DA PRODUÇÃO	Renata Cristina Lopes Miccelli
ASSESSORIA EDITORIAL	Jibril Keddeh
REVISÃO	Stephanie Ferreira Lima
PRODUÇÃO EDITORIAL	Sabrina Costa
DIAGRAMAÇÃO	Yaidiris Torres
CAPA	Eneo Lage

COMITÊ CIENTÍFICO DA COLEÇÃO EDUCAÇÃO, TECNOLOGIAS E TRANSDISCIPLINARIDADE

DIREÇÃO CIENTÍFICA Dr.ª Marilda A. Behrens (PUCPR)   Dr.ª Patrícia L. Torres (PUCPR)

CONSULTORES

- Dr.ª Ademilde Silveira Sartori (Udesc)
- Dr. Ángel H. Facundo (Univ. Externado de Colômbia)
- Dr.ª Ariana Maria de Almeida Matos Cosme (Universidade do Porto/Portugal)
- Dr. Artieres Estevão Romeiro (Universidade Técnica Particular de Loja-Equador)
- Dr. Bento Duarte da Silva (Universidade do Minho/Portugal)
- Dr. Claudio Rama (Univ. de la Empresa-Uruguai)
- Dr.ª Cristiane de Oliveira Busato Smith (Arizona State University /EUA)
- Dr.ª Dulce Márcia Cruz (Ufsc)
- Dr.ª Edméa Santos (Uerj)
- Dr.ª Eliane Schlemmer (Unisinos)
- Dr.ª Ercilia Maria Angeli Teixeira de Paula (UEM)
- Dr.ª Evelise Maria Labatut Portilho (PUCPR)
- Dr.ª Evelyn de Almeida Orlando (PUCPR)
- Dr. Francisco Antonio Pereira Fialho (Ufsc)
- Dr.ª Fabiane Oliveira (PUCPR)
- Dr.ª Iara Cordeiro de Melo Franco (PUC Minas)
- Dr. João Augusto Mattar Neto (PUC-SP)
- Dr. José Manuel Moran Costas (Universidade Anhembi Morumbi)
- Dr.ª Lúcia Amante (Univ. Aberta-Portugal)
- Dr.ª Lucia Maria Martins Giraffa (PUCRS)
- Dr. Marco Antonio da Silva (Uerj)
- Dr.ª Maria Altina da Silva Ramos (Universidade do Minho-Portugal)
- Dr.ª Maria Joana Mader Joaquim (HC-UFPR)
- Dr. Reginaldo Rodrigues da Costa (PUCPR)
- Dr. Ricardo Antunes de Sá (UFPR)
- Dr.ª Romilda Teodora Ens (PUCPR)
- Dr. Rui Trindade (Univ. do Porto-Portugal)
- Dr.ª Sonia Ana Charchut Leszczynski (UTFPR)
- Dr.ª Vani Moreira Kenski (USP)

AGRADECIMENTOS

A Deus e a Meishu Sama, pela permissão de poder participar e concluir este trabalho, dando-me forças e discernimento para conseguir vencer as dificuldades e contratempos que apareceram no caminho.

Aos meus pais, Aylton Pinho e Marlene Pinho, e em especial meu esposo e amigo, Sydney Silva, e o meu filho, Juaneysson Silva, por terem compreendido as minhas ausências e por estarem sempre presentes, apoiando e dando força nos momentos mais difíceis desta caminhada.

PREFÁCIO

Aurea da Silva Pereira[1]

A obra *Gestão democrática e a política pública de educação integral* tem como base teórico-epistemológica os resultados de uma pesquisa de mestrado em Ciências da Educação pela Universidad Interamericana (2018). O cenário educacional experienciado, através das cenas da pesquisa, mostra os desafios de uma gestão pública vivida na educação integral no cotidiano escolar no município de Alagoinhas (BA).

Nesse sentido, a presente obra discute sobre a prática dos Conselhos Escolares, em duas escolas da rede municipal de ensino de Alagoinhas, que experienciam atividades de jornada ampliada, propostas pelo Programa Mais Educação durante o período 2017-2018. A tessitura dos capítulos mostram ao leitor que a educação pública de qualidade se faz com a comunidade, com a família, com os estudantes, professores e diretores em um diálogo permanente com os Conselhos Escolares. E nesse viés, podemos visualizar o destaque que a autora Suyane Pinho dá aos Conselhos Escolares, ao apresentar o papel do conselho escolar no processo de articulação entre a escola e comunidade, fortalecendo a Gestão Escolar e a interlocução com a Secretaria de Educação.

O processo de implantação de uma política de educação de tempo integral nas escolas exige da Gestão Educacional, comunidade e famílias uma mudança de pensamento, um movimento que vai para além da "boa vontade política". E para isso, faz-se necessário mapear o território educacional do município, bem como uma leitura crítica do currículo vivido em cada escola na interlocução com as práticas sociais, culturais e religiosas experienciadas por cada família que se faz presente na cotidianidade da escola.

---

[1] Possui graduação em Letras Vernáculas pela Universidade do Estado da Bahia (1996), especialista em Linguística Aplicada ao Ensino de Língua Portuguesa pela Universidade Estadual de Feira de Santana (1998), possui mestrado em Educação e Contemporaneidade pela Universidade do Estado da Bahia (2008) e doutorado em Educação e Contemporaneidade pela Universidade do Estado da Bahia (2014). Atualmente é professora titular da Universidade do Estado da Bahia, no Departamento de Linguística, Literatura e Artes, Campus II. Atua como professora do Colegiado de Letras, Língua Portuguesa e Literaturas da Língua Portuguesa e professora permanente do Programa de Pós-graduação em Crítica Cultural, na Linha 2: Letramentos, Identidades e Formação de Educadores. Tem experiência na área da educação, letramentos e formação docente com ênfase nos seguintes temas: letramentos em comunidades rurais; narrativas e memórias (auto)biográficas; alfabetização e letramentos nas escolas; memórias e envelhecimento. Líder do Grupo de Pesquisa Letramentos, identidades e narrativas (GPLIN). ORCID: 0000-0001-8980-1709.

A pesquisa traz como premissa inicial o estudo da legislação educacional brasileira, a partir de uma incursão histórica que perpassa pelas concepções teóricas e filosóficas que norteiam as bases da educação. Assim sendo, a autora Suyane Pinho se concentra nos estudos sobre a democratização do Brasil. Nesta perspectiva, faz um passeio histórico pela Velha República, perpassando pela Era Vargas, Ditadura Militar até a Nova República com criação e homologação da Constituição Cidadã, dando ênfase aos períodos históricos que contribuíram com a Educação Brasileira que temos hoje. Daí a importância de apresentar os aspectos legais e formais para pensar a educação integral e o Programa Mais Educação como uma política pública indutora de Educação em Tempo Integral. O arcabouço filosófico e sociológico apresentado pela autora proporciona ao leitor uma compreensão mais profunda sobre o processo de intervenção da sociedade civil na escola.

Faz-se necessário lembrar que cada estudante leva para a escola todos seus saberes sociais, culturais e políticos construídos pelos seus ancestrais durante anos. Assim, é impossível estarmos sozinhos em qualquer lugar. Daí, a importância da sociedade civil, sua força e atuação política nos princípios de uma Gestão Democrática no processo de constituição de uma Gestão para Educação em Tempo Integral.

Desse modo, a autora traz para sua pesquisa os representantes da sociedade civil que foram eleitos para os Conselhos Escolares. São eles que protagonizam a pesquisa e que, ao mesmo tempo, se constituem como coautores do texto e do processo de construção de uma Gestão Escolar democrática, dinâmica e humanizada na busca de criar condições para que as práticas educativas possam cumprir sua função no processo de aprendizagem dos estudantes

No traçado da obra, a autora apresenta também para os leitores uma reflexão conceitual do processo de construção de uma Escola Democrática, discutindo o conceito de cidadania e o papel social na constituição de uma Educação Democrática e cidadã. Uma Escola cidadã busca criar condições para que os autores e atores da escola, envolvidos no fazer educacional, saibam dos seus deveres e se reconheçam como cidadãos de direitos, na busca por uma educação de qualidade e para a cidadania.

Nesse sentido, a obra oferece aos professores pesquisadores, docentes e estudantes experiências epistemológicas de duas escolas que aderiram ao Programa Mais Educação como uma política pública de tempo integral na escola, bem como seu papel social e político na construção de conhecimento e a importância dos Conselhos Escolares no processo de implementação das políticas públicas nas escolas.

Os resultados da pesquisa mostram que os Conselhos Escolares das escolas pesquisadas ainda não cumprem suas atribuições deliberativas quanto às questões "político-pedagógicas, administrativas, financeiras, no âmbito da escola" (BRASIL, MEC, 2004, p. 32). É função também dos Conselhos Escolares "analisar as ações a empreender e os meios a utilizar para o cumprimento das finalidades da escola" (BRASIL, MEC, 2004, p. 32).

Aos Conselhos Escolares são atribuídas funções complexas que exigem comprometimento e responsabilidade, além de conhecimento profundo sobre gestão educacional. A participação do Conselho na Gestão Escolar é construída com experiências e aprendizagens coletivas sobre as políticas públicas educacionais propostas para a instituição escolar.

Das políticas públicas da Educação Integral em Escola em Tempo Integral, proposta pelo Governo Federal, a pesquisa apresenta o Programa Mais Educação como um dispositivo estratégico que aperfeiçoa essa modalidade de educação e, ao mesmo tempo, mantem o estudante na escola, oferecendo uma agenda de atividades pedagógicas para serem experienciadas no ambiente escolar.

A autora Suyane Pinho presenteia a comunidade acadêmica, escolar e sociedade civil com o livro *Gestão democrática e a política pública de educação integral* com quatro capítulos em permanente diálogo com o campo epistêmico educacional e as nuances da pesquisa empírica, resultante da pesquisa de mestrado em Ciências da Educação pela Universidad Interamericana (2018). Desse modo, o conteúdo apresentado é muito rico, pois além de contribuir para formação docente, capacita cada leitor, convidando-os a interlocução e participação dos caminhos da Educação Pública em nosso município, estado e país.

A efetivação da Educação Integral em Escolas de Tempo Integral, tornar-se-á uma realidade a partir do fortalecimento dos Conselhos Escolares, de modo a promover o desenvolvimento de uma Cultura Política de participação efetiva nas ações e projetos da Escola

(Suyane Pinho).

LISTA DE ABREVIATURAS E SIGLAS

ABI – Associação Brasileira de Imprensa
Cecr – Centro Educacional Carneiro Ribeiro
Cieps – Centros Integrados de Educação Pública
Cenpec – Educação Cultura e Ação Comunitária
Fundeb – Fundo de Desenvolvimento e Manutenção da Educação Básica e Valorização dos Profissionais da Educação.
IBGE – Instituto Brasileiro de Geografia e Estatística
Ideb – Índice de Desenvolvimento da Educação Básica
Inep – Instituto Nacional de Estudo e Pesquisas Educacionais Anísio Teixeira
Ldben – Lei de Diretrizes e Bases da Educação Nacional
MEC – Ministério da Educação
ONG – Organizações Não Governamentais
OAB – Ordem dos Advogados do Brasil
PNE – Plano Nacional de Educação
PDE – Plano de Desenvolvimento da Educação
PPP – Projeto Político Pedagógico
Seduc – Secretaria Municipal da Educação
Unicef – Fundos das Nações Unidas para a Infância

SUMÁRIO

INTRODUÇÃO 17

CAPÍTULO 1
A TRAJETÓRIA DO PROCESSO DE DEMOCRATIZAÇÃO DO BRASIL, A EDUCAÇÃO E A ESCOLA EM TEMPO INTEGRAL 23
    1.1 O PROCESSO DE DEMOCRATIZAÇÃO E A EDUCAÇÃO 23
    1.2 CONSELHOS ESCOLARES: CAMINHOS PARA A DEMOCRATIZAÇÃO DA GESTÃO ESCOLAR 34
    1.3 O TECER DA EDUCAÇÃO INTEGRAL NO BRASIL 46

CAPÍTULO 2
A GESTÃO ESCOLAR DEMOCRÁTICA NO CENÁRIO DA SOCIEDADE CIVIL 55
    2.1 UMA REFLEXÃO SOBRE A ESCOLA DEMOCRÁTICA 55
    2.2 A EDUCAÇÃO E A SOCIEDADE CIVIL 61
    2.3 A GESTÃO DEMOCRÁTICA NA ESCOLA DE EDUCAÇÃO INTEGRAL EM TEMPO INTEGRAL 71

CAPÍTULO 3
O CONSELHO ESCOLAR E A POLÍTICA PÚBLICA DE EDUCAÇÃO INTEGRAL 75
    3.1 AS POLÍTICAS PÚBLICAS NO CONTEXTO EDUCACIONAL 75
    3.2 O PLANO NACIONAL DA EDUCAÇÃO, OS CONSELHOS ESCOLARES E A EDUCAÇÃO INTEGRAL 78
    3.3 OS PROCESSOS COGNITIVOS E AS INTERVENÇÕES DIDÁTICAS NA EDUCAÇÃO INTEGRAL 84
        3.3.1 O Conselho Escolar e o direito à aprendizagem 86
        3.3.2 A organização curricular da Educação Integral em escolas de Tempo Integral .. 91

CAPÍTULO 4
AS NARRATIVAS DA EDUCAÇÃO INTEGRAL EM ESCOLAS DE TEMPO INTEGRAL UMA REALIDADE EM ALAGOINHAS-BAHIA...............97
4.1 DESCRIÇÃO DA PESQUISA 97
4.2 PARA SITUAR A PESQUISA: DESCRIÇÃO DO MUNICÍPIO DE ALAGOINHAS 100
    4.2.1 O cenário educacional de Alagoinhas 102
4.3 SUJEITOS DA PESQUISA 108
    4.3.1 Campo empírico 108
4.4 OS CONSELHOS ESCOLARES E A ADESÃO AO PROGRAMA MAIS EDUCAÇÃO..116

CONSIDERAÇÕES FINAIS 125

REFERÊNCIAS 129

INTRODUÇÃO

Esta obra apresenta uma discussão e reflexão sobre a atuação dos conselhos escolares, em duas escolas da Rede Municipal de Ensino de Alagoinhas que desenvolvem atividades de jornada ampliada propostas pelo Programa Mais Educação, durante o período 2017-2018. Esta análise teve como meta compreender como esse colegiado pode contribuir para a implementação da educação integral em escola em tempo integral, como uma política pública municipal.

O estudo partiu da análise da legislação educacional brasileira, a partir de uma incursão histórica quanto aos aspectos referentes à Educação Integral e perpassou pelas concepções teóricas e filosóficas que norteiam essa modalidade educativa.

O objetivo deste trabalho foi analisar como os conselhos escolares podem promover a articulação da escola com a sua comunidade de modo a contribuir para a implantação da educação integral em escolas de tempo integral enquanto política pública municipal. Toda esta análise possibilitou reflexões sobre o papel do conselho escolar, assim como o seu fortalecimento.

A constituição da educação integral em escolas de tempo integral requer uma mudança paradigmática na educação escolar, pois é preciso compreender a cidade como território educativo educador e propor uma organização curricular na perspectiva de uma Educação Integral que legitime saberes comunitários do mundo e da vida.

Entende-se que a democratização da gestão seja um dos processos políticos que possibilita a atuação e participação dos membros da comunidade escolar nos projetos e programas da escola. Esse processo deve ser sustentado no diálogo e na alteridade, tendo como base a participação efetiva de todos os segmentos da comunidade escolar, o respeito às normas coletivas construídas para o processo de tomada de decisões e a garantia de amplo acesso às informações, possibilitando o trabalho coletivo.

Pensar em uma política pública de educação integral para o município de Alagoinhas é, antes de tudo, considerar o processo de democratização e o trabalho coletivo na escola

Além disso, perceber como essa escola pode se organizar para que seus pares possam efetivamente participar dos processos decisórios e do movimento democrático na instituição escolar, de modo a viabilizar a participação dos diversos atores sociais nas discussões inerentes a educação.

Acredita-se que essa organização é o caminho para contribuir com a articulação dos processos escolares com outras políticas sociais, outros profissionais e equipamentos públicos, na perspectiva de garantir o sucesso escolar, a formação do território educativo educador e a implementação da educação integral como política pública municipal.

Como Coordenadora Municipal do Programa Mais Educação, que se constitui como uma ação indutora da Educação Integral em Escola de Tempo Integral, foi possível perceber as dificuldades enfrentadas pelos gestores escolares na articulação dos diversos atores sociais, condição necessária para possibilitar a ampliação dos tempos e espaços escolares com vistas à constituição da Escola de Tempo Integral.

Na verdade, as escolas da rede ainda não desenvolvem plenamente a democratização da gestão e não possuem um conselho escolar atuante, o que constitui um dos elementos dificultadores para a implantação da educação integral, visto que a não articulação com os diversos segmentos da sociedade faz com que as escolas não tenham força suficiente para reivindicarem, junto ao órgão central da educação municipal, políticas públicas municipais que garantam a efetiva realização das atividades de educação integral.

Esses foram os principais pilares das angústias e reflexões geradoras do problema de estudo desta pesquisa, que visa a refletir sobre os mecanismos que podem ser utilizados para atenuar a dicotomia existente no espaço escolar, entre o processo de gestão e a articulação com os diversos atores sociais.

Dessa forma, o estudo procura contribuir para a ampla discussão do tema, em busca de possibilidades de soluções, por meio de uma educação participativa, que propicie o fortalecimento dos conselhos escolares.

Para esclarecer as questões aqui apresentadas, utilizou-se como metodologia o estudo de caso de base qualitativa com características etnográficas, o qual nos permitiu uma reflexão sobre o grupo estudado em sua totalidade, observando os aspectos internos e externos da realidade estudada dentro de um contexto cultural amplo, tendo em vista que a situação investigada encontra-se bem delimitada no tempo e no espaço.

Segundo Ludke, o estudo de caso se constitui como:

> O estudo de caso é o estudo de um caso, seja ele simples e específico, como o de uma professora competente de uma escola pública, ou complexo e abstrato, como o das classes de alfabetização ou o do ensino noturno. O caso é sempre bem delimitado, devendo ter seus contornos claramente definidos no desenrolar do estudo. [...] O interesse, portanto, incide naquilo que ele tem de único, de particular... (LUDKE, 1995, p. 17).

Assim sendo, utilizou-se da análise qualitativa, a qual, segundo Bogdan e Biklen *in* LUDKE, 1995, p. 11-13), apresenta cinco características básicas:

> 1- [...] tem o ambiente natural como sua fonte direta de dados e o pesquisador como seu principal instrumento.
>
> 2- Os dados coletados são predominantemente descritivos.
>
> 3- A preocupação com o processo é muito maior do que com o produto.
>
> 4- O "significado" que as pessoas dão às coisas e à sua vida são foco de atenção especial pelo pesquisador.
>
> 5- A análise dos dados tende a seguir um processo indutivo.

Ludke (1995, p. 16) ressalta que o "estudo qualitativo [...] é o que se desenvolve numa situação natural, é rico em dados descritivos, tem um plano aberto, flexível e focaliza a realidade de forma complexa e contextualizada".

Para a consecução deste trabalho, estabeleceu-se contatos diretos com a situação investigada, por meio de visitas marcadas para a pesquisa e o tempo demarcado para a análise. Como instrumentos de pesquisa, adotou-se a observação participante, entrevistas, conversas informais, análise documental e aplicação de questionários.

As observações diretas foram realizadas no próprio universo escolar, onde buscou-se analisar, compreender e descrever as dinâmicas do contexto escolar, com atuações relacionais diretas com estudantes, professores, educadores/monitores, funcionários, gestores e comunidade local.

Quanto às entrevistas, optou-se por fazê-las no tipo semiestruturada, a qual, segundo May (2004, p. 148): "são perguntas normalmente especificadas, mas o entrevistador está mais livre para ir além das respostas e, assim, estabelecer um diálogo com o entrevistado". Além disso, conforme orienta

Ludke e André (1995), utilizou-se gravações das falas em smartphone, na busca de levantar os dados necessários com fidedignidade.

A interpretação dos dados levantados tomou como base os pressupostos teóricos adotados a partir da análise do contexto escolar, a fim de compreender possíveis respostas para as questões aqui apresentadas, bem como levantar alternativas concretas em direção às suas possibilidades de solução.

Com o intuito de elucidar a questão investigada, adotou-se cinco linhas de pesquisas, a saber: compreender o processo de constituição da gestão democrática; identificar quais os caminhos para a articulação da escola com a comunidade; refletir sobre a atuação e legalização dos conselhos escolares; compreender o conceito de sociedade civil organizada; identificar como o conselho escolar pode contribuir para o desenvolvimento da educação integral em escola de tempo integral.

Todo o percurso de construção desta obra está embasado em estudiosos que dão sustentação teórica à investigação ora realizada, são eles: Gadotti (1995, 2002, 2006, 2009), Freire (1983, 1997, 2002), Paro (1996, 2016), Lück (2006), Gohn (2012), Abranches (2003), Bobbio (2005), Moll (2009, 2012), dentre outros, que contribuíram para explicitar os conceitos, características e concepções de democracia, participação, conselhos escolares, política pública e educação integral.

Assim, no primeiro capítulo, concentra-se a pesquisa bibliográfica sobre o processo de democratização do Brasil, iniciando na Velha República, perpassando pela Era Vargas, Ditadura Militar até a Nova República, com criação e homologação da Constituição Cidadã, com o intuito de compreender como esses períodos históricos influenciaram a Educação Brasileira e, por conseguinte, a Educação Integral. Nesse sentido, faz-se uma análise dos marcos históricos e dos aspectos legais e formais da educação integral, até chegar nos dias atuais com a implantação do Programa Mais Educação, como ação indutora que visa a promover a política pública de educação em tempo integral.

No segundo capítulo, busca-se, a partir do arcabouço filosófico e sociológico, compreender a interferência da sociedade civil na escola a partir da sua atuação nos conselhos escolares. Além disso, enfatiza-se os princípios da gestão democrática e como se dá a organização e a gestão da educação integral.

Dando continuidade, apresenta-se o conceito de sociedade civil organizada, suas formas de atuação enquanto força política na busca de soluções para os conflitos sociais, assim como essa mesma sociedade pode interferir e reivindicar políticas públicas educacionais para a efetivação da Escola de Educação Integral em Tempo Integral.

Destaca-se ainda as contribuições dos movimentos sociais para a efetivação da Gestão Democrática na Escola de Educação Integral em Tempo Integral, o papel dos Conselhos Escolares no processo de mobilização da comunidade escolar e local.

No terceiro capítulo, traça-se um diálogo sobre a atuação dos conselhos escolares frente ao desenvolvimento da política pública de educação integral em escolas de tempo integral.

Faz-se uma análise a nível conceitual sobre políticas públicas e política pública educacional, buscando-se compreender o Programa Mais Educação, enquanto política pública indutora de educação integral em escolas de tempo integral e como os conselhos escolares se apresentam no cenário das políticas públicas educacionais.

Em seguida, apresenta uma breve discussão de como ocorrem os processos cognitivos e as intervenções didáticas no âmbito da educação integral, ao tempo em que busca compreender como os conselhos escolares contribuem para garantir o direito à aprendizagem, por meio da participação da comunidade escolar no processo de estruturação e organização curricular da educação integral em escolas de tempo integral.

O quarto capítulo mostra as características da educação municipal em Alagoinhas-Bahia, apresenta a análise dos dados coletados e construídos por meio da observação *in loco* e das entrevistas realizadas na comunidade escolar, bem como os aspectos inerentes à atuação dos conselhos frente ao desenvolvimento da educação integral em escola de tempo integral

Por fim, nas considerações finais, apresenta-se uma breve síntese da pesquisa realizada e são apontadas algumas contribuições, no que se refere à atuação da sociedade civil, representada nos conselhos escolares, na luta por uma educação mais humana e emancipadora, evidenciada nesta pesquisa como Educação Integral em Escolas de Tempo Integral.

CAPÍTULO 1

A TRAJETÓRIA DO PROCESSO DE DEMOCRATIZAÇÃO DO BRASIL, A EDUCAÇÃO E A ESCOLA EM TEMPO INTEGRAL

Neste capítulo, pretende-se traçar um breve histórico sobre o caminho trilhado pela sociedade brasileira em busca da sua democratização, destacando como esse processo interfere na forma de participação e não participação das pessoas nos diversos aspectos da vida social.

Inicialmente, discorre-se sobre "O Processo de Democratização e a Educação". Nesse tópico, o diálogo é constituído a partir da reflexão sobre a conjuntura da democratização do Brasil, iniciando na Velha República, passando pela Era Vargas, Ditadura Militar até chegar à Nova República com a promulgação da Constituição de 1988. No desenrolar do texto, busca-se compreender como esses períodos influenciaram na Educação Brasileira e quais contribuições trouxeram para a Educação Integral.

Dando continuidade, procura-se compreender como os "Conselhos Escolares podem contribuir para o processo de democratização da Gestão Escolar", analisando a sua atuação e representação no âmbito da gestão. Ao longo do texto, reflete-se sobre as formas de organização e participação da sociedade civil no movimento democrático e como essa pode corroborar para a implementação de políticas públicas de educação integral.

Ao final, dialoga-se sobre "O Tecer da Educação Integral no Brasil", seus marcos históricos, normatizações e legislações que fundamentam o caminhar da Educação Integral até 2008, quando o governo federal institui e implementa o Programa Mais Educação como ação indutora da Educação Integral.

1.1 O PROCESSO DE DEMOCRATIZAÇÃO E A EDUCAÇÃO

Durante um longo período da sua história, o Brasil não apresenta muitos momentos de reflexão e preocupação com a educação da sua população. No período que compreendeu a Colônia e o Império, pouco se discutiu e pensou sobre a educação. Essas reflexões sempre estiveram limitadas pelo modelo econômico do país, na época agrário exportador de monocultura, essencialmente de cana de açúcar e mais tarde de café, o que dispensava mão de obra especializada.

Assim, era desnecessário dar educação aos índios, aos negros, aos colonos, fazendeiros, mulheres; apenas era oferecida educação à parcela que era considerada o "futuro" de toda aquela sociedade, isto é, aos filhos dos colonos. Estes, em geral, iam realizar os seus estudos na Europa ou nas escolas jesuítas.

A partir de meados do século XIX, a sociedade brasileira passou por intensas transformações de ordem financeira, econômica e cultural. O modelo, predominantemente agrário, sofre algumas alterações em função do aumento do comércio e de um pequeno surto de industrialização. Nesse período, intelectuais influenciados pelas ideias europeias buscam introduzir uma nova direção à educação brasileira. É ainda uma atuação irregular, fracionada, sem resultados satisfatórios, pois o modelo econômico-social ainda não exige a necessidade de uma educação para toda a população.

A educação ainda não era vista como prioridade em face da grande população rural analfabeta composta, sobretudo, por povos escravizados.

Um dos marcos que se pode considerar significativo no processo de democratização do país pode ser visto quando ocorreu o enfraquecimento da república oligárquica, a qual se caracterizava como governo de poucos, em que o poder se encontrava centrado na mão dos coronéis e, consequentemente, a educação era dirigida apenas a uma pequena parcela da população, mas especificamente aos grandes latifundiários. Nesse período, vários movimentos sociais empenharam-se em promover rompimentos políticos e econômicos com a ordem social oligárquica, configurando-se como a Revolução de 1930[2].

As motivações, ideias e objetivos que levaram ao movimento armado de 1930 tiveram suas raízes na década de 1920, época em que ocorreram muitas mudanças sociais. Uma das mais significativas foi a urbanização e o crescimento industrial, devido à adoção de políticas protecionistas e aos

---

[2] A Revolução de 1930 foi um movimento político que pôs fim à Primeira República ou República Velha, considerada, para muitos historiadores, o movimento mais importante da história do Brasil do século XX. Foi ela quem, para o historiador Boris Fausto, acabou com a "hegemonia da burguesia do café, desenlace inscrito na própria forma de inserção do Brasil, no sistema capitalista internacional" (BORIS, 1997, p. 112).

estímulos indiretos ao setor industrial brasileiro, o qual expandiu e diversificou-se de modo a promover o crescimento das camadas sociais urbanas.

A expansão da indústria fez surgir novas classes sociais: a burguesia industrial, a classe média e o operariado. Nas Regiões Sul e Sudeste do país, onde essas transformações foram mais intensas, o surgimento e o crescimento desses novos grupos e classes sociais colocaram em xeque o domínio político exclusivo das oligarquias agrárias.

Na República Velha[3], o poder político brasileiro era mantido sob a hegemonia dos cafeicultores, o qual era exercido por chefes de famílias — os "coronéis" — que controlavam os votos de seus parentes, amigos e subordinados, normalmente ocupando e monopolizando todos os cargos estaduais. Eram eles a via para a escolha não só dos representantes ao Congresso, como dos candidatos a presidente e vice-presidente da República. Pode-se dizer que foi, a partir de 1930, que a sociedade brasileira viveu importantes mudanças. Nesse período, acelerou-se o processo de urbanização e a burguesia industrial começou a participar da vida política.

> A revolução de 30, resultado de uma crise que vinha de longe destruindo o monopólio do poder, pelas velhas oligarquias, favorecendo a criação de algumas condições básicas para a implantação definitiva do capitalismo brasileiro [...]. É então que a demanda social da educação cresce e se consubstancia numa pressão cada vez mais forte pela expansão do ensino (ROMANELLI, 1997, p. 48).

As exigências da sociedade industrial impuseram transformações profundas perante a forma de atuação do estado, obrigando-o a responsabilizar-se com a educação do povo, uma vez que essa sociedade necessitava de pessoal instruído e qualificado para o trabalho nas indústrias. Entretanto, vale salientar que, desde meados do século XIX, os países mais desenvolvidos já vinham dispensando uma atenção especial à escola pública, universal e gratuita.

Todo esse processo de desenvolvimento, no Brasil, foi acompanhado por uma verdadeira revolução cultural e educacional que acabou garantindo o sucesso do presidente Getúlio Vargas na sua tentativa de transformar a sociedade. Como disse Antônio Cândido (1984, p. 28), "não foi o movimento

---

[3] República Velha, que é a denominação convencional para a história do Brasil, que abrange o período compreendido entre a proclamação (1889) até a ascensão de Getúlio Vargas, em 1930 (KOSHIBA, 1979, p. 219).

revolucionário que começou as reformas [do ensino]; mas ele propiciou a sua extensão para todo o país".

Em 1920, reformas promovidas separadamente por Sampaio Dória, Lourenço Filho, Anísio Teixeira e Fernando Campos já buscavam a renovação pedagógica. A partir de 1930, as medidas para a criação de um sistema educativo público foram controladas oficialmente pelo governo. Essa vontade de centralizar a formação e de torná-la acessível aos mais pobres ficou clara com a criação do Ministério da Educação e Saúde em novembro de 1930. Seu primeiro-ministro foi Francisco Campos (1930-1932).

Com a difusão da instrução básica, Vargas acreditava em poder formar um povo mais consciente e mais apto às exigências democráticas, como o voto, e uma elite de futuros políticos, pensadores e técnicos. Em 1931, o governo decretou a obrigatoriedade do ensino religioso nas escolas públicas.

Em relação ao ensino superior, o governo procurou estabelecer as bases do sistema universitário, investindo nas áreas de ensino e pesquisa, entretanto, esse só era oferecido para a burguesia, porque para a classe proletária era destinada apenas a educação básica profissionalizante. Às classes menos favorecidas, era reservada a formação profissional, "estabelecendo-se uma nítida distinção entre aqueles que detinham o saber (ensino secundário, normal e superior) e os que executavam tarefas manuais (ensino profissional)" (BRASIL, 1999, p. 4).

Os anos de 1930 foram férteis quanto ao surgimento e divulgação de ideias em relação à educação brasileira. Dentre essas ideias, pode-se destacar as contribuições do educador brasileiro Anísio Teixeira que ao assumir a Diretoria da Instrução Pública no Distrito Federal, em 1931, realiza a reforma da instrução pública. Nessas reformas, já aparecem vestígios do que posteriormente se configuraram as chamadas escolas-parques, modelos do que hoje denominamos Educação Integral.

As propostas sobre educação, contidas no Manifesto dos Pioneiros da Educação Nova, publicado em 1932, foram defendidas por educadores que ocuparam cargos na administração pública e que implementaram diretrizes educacionais, respaldados por uma nova visão da educação brasileira. O documento defende a educação obrigatória, pública, gratuita e laica como um dever do Estado, a ser implantada em programa de âmbito nacional (ROMANELLI, 2001, p. 127-153).

Criticava o sistema dual, que destinava uma escola para os ricos e outra para os pobres, reclamando e propondo a escola básica única. Contrastando com a educação tradicional, essas novas tendências pedagógicas visavam a proporcionar espaços mais descontraídos, opondo-se como investigação livre à educação até então ensinada. Os novos métodos de ensino visavam à autoeducação e a aprendizagem surgia de um processo ativo.

Sobre uma importante tendência da época, baseada no Manifesto dos Pioneiros e expressa na concepção da Escola Ativa, Lourenço Filho, um de seus precursores no país, afirma:

> [...] aprende-se observando, pesquisando, perguntando, trabalhando, construindo, pensando e resolvendo situações problemáticas apresentadas, quer em relação a um ambiente de coisas, de objetos e ações práticas, quer em situações de sentido social e moral, reais ou simbólicos (FILHO, 1978, p. 151).

Isso sinaliza que desde a década de 30 os pioneiros da Educação Nova lutam para que a escola busque romper com o paradigma tradicional, ou seja, com a educação bancária tão criticada por Paulo Freire. Entretanto, como ainda nos dias atuais nos deparamos com os aspectos tradicionais, é de suma importância construir-se uma escola na qual a preocupação maior seja a formação do cidadão, do sujeito crítico que busca reconstruir a sua história.

Segundo Filho (1978), São Paulo foi o estado pioneiro na aplicação dos novos métodos de aprendizagem. A Escola Experimental Rio Branco, a Escola Modelo, anexa à Escola Normal da Praça da República, hoje Instituto Caetano de Campos e a Escola Americana, atual Instituto Mackenzie, os adotaram primeiramente nos cursos primários.

Nesse período, muitos educadores brasileiros defendem os ideais da Escola Nova, na esperança de democratizar e transformar a sociedade por meio da escola. Na sua exposição sobre a Escola Nova, Lourenço Filho relata uma experiência com alunos do curso primário na Escola Experimental Rio Branco, sobre a técnica dos projetos, como procedimento didático, desenvolvida por John Dewey, que prima pela participação do aluno, o que promove sua motivação e a aprendizagem com objetivos definidos.

Ainda sobre sua experiência na Escola Rio Branco, Lourenço Filho (1978, p. 199, 210) indica que "o projeto implica ensino globalizado [...] e o papel do mestre como conselheiro discreto, (que) encaminha, estimula, sugere".

O processo de implantação da educação renovada em São Paulo ocorreu nos anos de 1930 e 40, nos cursos primários de escolas particulares, indicando que a criança das camadas médias da população foi o público, inicialmente, atingido por esse modelo de educação. O acesso à educação primária nos anos de 1930 e 40, mesmo com a ampliação na oferta de vagas nas escolas primárias e frente à demanda por educação nos centros urbanos, não atingiu a maioria da população infantil (SPOSITO, 1984, p. 32-34).

Saviani sobre a propagação da pedagogia da nova escola nos indica que

> [...] a "Escola Nova" organizou-se basicamente na forma de escolas experimentais ou como núcleos raros, muito bem equipados e circunscritos a pequenos grupos de elite. No entanto, o ideário escolanovista, tendo sido amplamente difundido, penetrou nas cabeças dos educadores acabando por gerar conseqüências também nas amplas redes escolares oficiais organizadas na forma tradicional. Cumpre assinalar que tais conseqüências foram mais negativas que positivas uma vez que, provocando o afrouxamento da disciplina e a despreocupação com a transmissão de conhecimentos, acabou por rebaixar o nível do ensino destinado às camadas populares as quais muito freqüentemente têm na escola o único meio de acesso ao conhecimento. Em contrapartida, a "Escola Nova" aprimorou a qualidade do ensino destinado às elites (SAVIANI, 1985, p. 14).

A Era Vargas foi palco das primeiras investidas dos novos métodos de ensino, preconizando a centralidade na criança e na sua iniciativa no processo de aquisição do conhecimento. Mesmo que inicialmente restrito, porque atendia a uma camada específica da população, esse ensino renovado se sedimentou e atingiu amplos setores educacionais. Além disso, promoveu uma discussão sobre os princípios norteadores de seu método de ensino, que nem sempre atendia às reais necessidades de parte da população escolar.

O populismo[4] de Vargas atingiu o seu auge em 1945 com o queremismo[5]. As massas populares foram atingidas por lideranças trabalhistas e comunistas, passaram a exigir a permanência do ditador, aos gritos de "queremos Getúlio". Isso acelerou sua queda, uma vez que as oposições o acusavam de querer permanecer no poder. A ameaça de uma "guinada" de Vargas para a esquerda, em função de sua política populista, provocou sua

---

[4] O populismo, fenômeno típico da América Latina, surge com a emergência das classes populares urbanas, resultantes da industrialização, insatisfeitas com suas condições de vida e trabalho. O governo populista revela-se ambíguo: se por um lado reconhece os anseios populares e reage sensivelmente às pressões, por outro, desenvolve uma "política de massa" procurando manipular e dirigir essas aspirações (ARANHA, 2003, p. 195).

[5] Movimento político surgido em maio de 1945 com o objetivo de defender a permanência de Getúlio Vargas na presidência da República. O nome "queremismo" se originou do slogan utilizado pelo movimento: "Queremos Getúlio" (NADAI, 1984, p. 223).

queda. Os generais Eurico Gaspar Dutra e Góis Monteiro colocaram um fim na ditadura, por meio de um golpe militar, na noite de 29 de outubro de 1945, momento em que José Linhares, o presidente do Supremo Tribunal Federal, assumiu interinamente o poder.

No período de 1945 a 1964, o país retoma o estado de direito, com governos eleitos pelo povo, ocorrendo mudanças no modelo econômico nacional. O desenvolvimentismo baseado no nacionalismo começa a entrar em contradição com o processo de internacionalização da economia. No governo de Juscelino Kubitschek, inicia-se a instalação de empresas multinacionais no país.

Esse período foi também marcado pela importância da educação das camadas populares, elemento fundamental na redemocratização do ensino, a partir da tramitação do projeto da Lei de Diretrizes e Bases da Educação Nacional – LDBEN (Lei n.º 4.024/61) e a luta pela escola pública. Os movimentos de educação popular e a Pedagogia Libertadora, bem como a Pedagogia Nova, 40 anos depois do "Manifesto dos Pioneiros", trazem também política educacional dos governos populistas.

Ghiraldelli (2001, p. 121) afirma que

> [...] a movimentação dos anos 1960 em torno da promoção da cultura popular prendeu-se às preocupações dos intelectuais jovens e alguns políticos com a emergência das massas na participação política do país.

Dentro desse contexto, os escritos de Paulo Freire, nos anos 50 a 60, servem como alicerce para a construção da Pedagogia Libertadora, na qual o homem é o sujeito da sua própria história.

Nesse cenário político e filosófico, o educador baiano Anísio Spínola Teixeira buscou colaborar para a construção de uma escola pública, laica, de qualidade e democrática. Apoiou-se nas ideias pedagógicas de Jonh Dewey, com o pragmatismo norte-americano, que tinha como um de seus principais objetivos educar o indivíduo como um todo. Para essa corrente filosófica, os sujeitos precisavam ser considerados em seus aspectos, intelectual, emocional e físico, voltado para a liberdade de pensamento a necessidade da experimentação, com a ciência, as artes e a cultura popular.

Segundo Anísio Teixeira, a filosofia de Jonh Dewey era:

> A filosofia, para John Dewey, é um esforço de continuada conciliação (ou reconciliação) e ajustamento (ou reajustamento) entre a tradição e o conhecimento científico, entre as bases culturais do passado, ameaçadas de outro modo de dissociação e estancamento, e o presente que flui, cada vez mais rápido

> e rico, para um futuro cada vez mais precipite e amplo, ou seja entre o que já foi e o vir a ser, de modo a permitir e até assegurar integrações e reintegrações necessárias do velho no novo, já operante quando não ainda dominante, - e isso, tudo isso, por meio de uma crítica pertinente e percuciente, que distinga, selecione e ponha em relêvo os elementos fundamentais da situação ou do momento histórico, no propósito, sempre, de formar (ou reformular) não tanto verdades como perspectivas, ou sejam interpretações, valorizações e orientações que nos guiem a aventura da civilização e da própria vida (TEIXEIRA, 1955, p. 23).

Partindo dessas bases filosóficas, Anísio lutou por um Brasil mais justo e democrático, em que a educação constituísse um direito de todos e não simplesmente um privilégio. Uma educação pautada na formação integral do sujeito, voltada para o desenvolvimento do indivíduo, a liberdade de pensamento e para a democratização. Segundo essa perspectiva, as ciências, as artes e a cultura popular deveriam estar presentes no ato de educar.

Na busca por esse ideal, Anísio ocupou diversos cargos públicos e conseguiu colocar em prática alguns dos princípios que sempre defendeu, tais como: a descentralização administrativa e de autonomia da escola; o reconhecimento dos estudantes enquanto participantes ativo do processo educativo; a valorização e reconhecimento da cultura regional.

Pensando em atender tais ideais, Anísio funda o Centro Popular de Educação Carneiro Ribeiro (Escola Parque) na cidade de Salvador-Bahia, atuando de forma significativa na aprovação da Lei de Diretrizes e Bases da Educação Nacional – LDBEN (n.º 4.024/61), lei que dá indícios para o desenvolvimento de políticas públicas na perspectiva da Educação Integral. A esse respeito, vejamos o que diz a Lei 4.024/61:

> TÍTULO I
>
> Art. 1º A educação nacional, inspirada nos princípios de liberdade e nos ideais de solidariedade humana, tem por fim:
>
> a) a compreensão dos direitos e deveres da pessoa humana, do cidadão, do Estado, da família e dos demais grupos que compõem a comunidade;
>
> b) o respeito à dignidade e às liberdades fundamentais do homem;

c) o fortalecimento da unidade nacional e da solidariedade internacional;

d) o desenvolvimento integral da personalidade humana e a sua participação na obra do bem comum;

e) o preparo do indivíduo e da sociedade para o domínio dos recursos científicos e tecnológicos que lhes permitam utilizar as possibilidades e vencer as dificuldades do meio;

f) a preservação e expansão do patrimônio cultural;

g) a condenação a qualquer tratamento desigual por motivo de convicção filosófica, política ou religiosa, bem como a quaisquer preconceitos de classe ou de raça (BRASIL, 1961).

Muito embora o termo Educação Integral não apareça nos escritos de Anísio, percebe-se que essa concepção de educação perpassa por toda a sua trajetória política, educacional e filosófica, visto que ele sempre defendeu uma educação que preparasse o sujeito integralmente, no sentido de oferecer condições para a vida.

Nesse sentido, vê-se o discurso proferido por Anísio Teixeira no ato de inauguração do Centro Educacional Carneiro Ribeiro – Escola Parque em Salvador-Bahia:

[...] Já se podia apreciar o começo, [...] de uma deterioração que se veio agravar enormemente nos vinte e cinco anos decorridos até hoje. [...] o princípio de que, se não tínhamos recursos para dar a todos a educação primária essencial, deveríamos simplificá-la até o máximo, até a pura e simples alfabetização e generalizá-la ao maior número. [...]. Resistiu a Bahia antes de 30. Resistiu o Rio, ainda depois da revolução. Mas a simplificação teve fôrça para congestionar as escolas primárias com os turnos sucessivos de alunos, reduzindo a educação primária não só aos três anos escolares de Washington Luís, mas aos três anos de meios dias, ou seja, ano e meio e até, na grande S. Paulo, aos três anos de terços de dia, o que equivale realmente a um ano de vida escolar. [...] O resultado foi, por um lado, a quase destruição da instituição, por outro, a redução dos efeitos da escola à alfabetização improvisada e, sob vários aspectos, contraproducente, de que estamos a colhêr, nos adultos de hoje, exatamente os que começaram a sofrer os processos simplificadores da escola, a seara de confusão e demagogia.

> [...]
>
> É contra essa tendência à simplificação destrutiva que se levanta este Centro Popular de Educação. Desejamos dar, de novo, à escola primária, o seu dia letivo completo. Desejamos dar-lhe os seus cinco anos de curso. E desejamos dar-lhe seu programa completo de leitura, aritmética e escrita, e mais ciências físicas e sociais, e mais artes industriais, desenho, música, dança e educação física. Além disso, desejamos que a escola eduque, forme hábitos, forme atitudes, cultive aspirações, prepare, realmente, a criança para a sua civilização – esta civilização tão difícil por ser uma civilização técnica e industrial e ainda mais difícil e complexa por estar em mutação permanente. E, além disso, desejamos que a escola dê saúde e alimento à criança, visto não ser possível educá-la no grau de desnutrição e abandono em que vive (TEIXEIRA, 1959, p. 78-84).

Como se pode perceber, Anísio concebia uma escola que extrapolava o ensino e a transmissão de conteúdo, ele idealizava uma escola em tempo integral e que, acima de tudo, contemplasse e garantisse ao sujeito o direito e o acesso aos conhecimentos que perpassam pela vida.

O currículo da escola integral não deve contemplar apenas os conteúdos clássicos da leitura, da escrita e das ciências exatas, mas um currículo completo com a inserção das artes, da cultura, enfim, um currículo que permita aos estudantes estabelecer uma relação entre o conteúdo trabalhado pela escola com o seu viver cotidiano. Na perspectiva de Anísio, a educação integral se constituía um caminho, um instrumento necessário para o país adentrar na modernidade.

Anísio defendia que a escola precisa desenvolver atividades e oportunidades para a vida dos estudantes. Vejamos o que ele diz:

> Porque a escola já não poderia ser a escola parcial de simples instrução dos filhos das famílias de classe média que ali iriam buscar a complementação a educação recebida em casa, em estreita afinidade com o programa escolar, nas instituições destinadas a educar, no sentido mais lato da palavra... já não poderia ser a escola dominantemente de instrução de antigamente, mas fazer as vezes da casa, da família, da classe social e por fim da escola propriamente dita. (TEIXEIRA, 1959, p. 78-84).

Percebe-se claramente que Anísio tinha uma visão ampliada de educação. Em seu pensamento, perpassa a ideia de que a escola precisava extrapolar a mera instrução e deveria ser capaz de oferecer uma educação ampla e integral que pudesse atender às reais necessidades de seus estudantes.

Ao apresentar seu ideário de educação, para o Centro Educacional Carneiro Ribeiro, Anísio frisou:

> A filosofia da escola visa a oferecer à criança um retrato da vida em sociedade, com as suas atividades diversificadas e o seu ritmo de preparação e execução, dando-lhes as experiências de estudo e de ações responsáveis (TEIXEIRA, 1959, p. 80).

A partir de 1964, instaura-se no país a Ditadura Militar, a qual, com a implantação da Lei n.º 5.540/68, que fixa normas de funcionamento do ensino superior, e a Lei n.º 5.692/71, fixa as Diretrizes e Bases para o ensino de 1° e 2° graus, conseguindo descontentar todos na sociedade, inclusive os burgueses[6]. Não demorou muito para que se visse de perto o fracasso da política educacional militar. Nesse período, atendendo aos preceitos da Lei Federal n.º 5.692/71 (LDBEN), as escolas públicas passaram a oferecer o ensino médio, então denominado segundo grau, vinculado a cursos técnicos profissionalizantes.

Generalizou-se a profissionalização no ensino médio. As escolas particulares, contudo, não seguiram essa orientação, continuando a oferecer os chamados cursos científicos, correspondentes ao curso de Formação Geral oferecido atualmente pelo ensino médio. Em 1982, com a Lei Federal n.º 7044/82, o governo do general Figueiredo aboliu o caráter de obrigatoriedade da profissionalização oferecida pelo ensino do 2º grau.

Em 1985, passou-se, então, ao primeiro governo civil depois da Ditadura, ainda com inúmeros resquícios da fase autoritária. De acordo com Aranha (2003), após a análise de seus resultados, a situação da educação exigia não só a urgente valorização do magistério, mas também a indispensável recuperação da escola pública, desacreditada e empobrecida durante todo este período.

O debate propriamente pedagógico foi grandemente reativado em cinco conferências brasileiras de educação pela circulação de inúmeras

---

[6] Aqui, o sentido de burgueses e burguesia é "definido em termos de classe que alcançou o poder numa fase histórica [...] identificada através de seus interesses e sua ideologia" (MENDONÇA, 1985, p. 31).

revistas especializadas e por uma grande produção de teses universitárias voltadas para a investigação dos problemas da área.

Com a Constituição de 1988, a questão da escola pública acirrou as discussões a respeito da educação no Brasil. Essa Constituição trouxe como destaques importantes no âmbito educacional: a gratuidade do ensino público em estabelecimentos oficiais; ensino fundamental obrigatório e gratuito; valorização dos profissionais do ensino; autonomia universitária; estabelecimento de um Plano Nacional de Educação.

A partir das linhas mestras da Constituição, surge a LDBEN (Lei n.º 9.394/96), fruto dos anseios de diversos educadores e da sociedade em geral. A referida legislação visava a corrigir as distorções do sistema educacional brasileiro, de modo a provocar grandes avanços no âmbito da educação brasileira.

Um aspecto extremamente positivo dessa lei foi a ênfase que ela dedica à democratização dos processos de ensino e da gestão escolar. Vale salientar que, devido ao tortuoso processo democrático brasileiro, a participação popular foi muitas vezes ignorada, negada e reprimida, fato esse que certamente contribuiu para que as pessoas pouco se envolvessem nas questões sociais.

Nesse sentido, a LDBEN (Lei n.º 9.394/96) vem evidenciar a importância do princípio democrático e da participação efetiva das comunidades nos processos decisórios da escola, ressaltando como essa participação pode contribuir para a melhoria do sistema educacional.

O processo de democratização do país vai gradativamente proporcionando espaços para a participação popular e organização da sociedade de diversas formas. Os Conselhos Escolares, pela sua característica amplamente democrática, não podem florescer em uma sociedade fechada. Dessa forma, seria praticamente impossível pensá-los na época da Ditadura Vargas ou na Ditadura Militar, por exemplo. No Brasil, é somente com a Constituição de 1988 e, mais precisamente, com a LDBEN (Lei n.º 9.394/96) que eles encontram espaço favorável para sua criação, funcionamento e fortalecimento.

1.2 CONSELHOS ESCOLARES: CAMINHOS PARA A DEMOCRATIZAÇÃO DA GESTÃO ESCOLAR

Ao se falar em escola democrática, pensa-se em uma gestão que privilegia a participação, cooperação e envolvimento da comunidade escolar nos processos educativos. Essa entidade tem como objetivo comum a melhoria da qualidade do ensino e a construção de um ambiente escolar inclusivo, que contribua significativamente para a constituição de uma sociedade também inclusiva, que almeja uma educação de qualidade para todos.

No contexto educativo da sociedade contemporânea, faz-se necessário repensar a gestão escolar na perspectiva de um trabalho coletivo, participativo e democrático, em consonância com os ideais e organização dessa mesma sociedade. Essa gestão deve estar atenta também ao destaque e privilégio a ser dado à melhoria da qualidade do ensino, buscando cada vez mais uma melhor formação do cidadão para atuar nessa sociedade historicamente construída.

Ao se falar em gestão democrática, outro aspecto que se refere à forma de administrar ganha destaque. Apenas a aplicação de uma infinidade de métodos e técnicas não garante uma boa administração da escola. Entende-se que a administração da escola pública não pode ser pensada numa perspectiva capitalista, em que é privilegiado o lucro em detrimento da realização humana envolvida no ato educativo.

A gestão da escola pública precisa ser pensada sob um ponto de vista humanístico que valorize os aspectos afetivo, psíquico, intelectual, corporal, social etc. Nessa gestão, os problemas e decisões precisam ser discutidos com a comunidade escolar, utilizando-se de uma política que busque valorizar os saberes produzidos historicamente. Neste ponto, faz-se necessário estabelecer uma distinção entre público e privado, já que neste trabalho a referência significativa é a escola pública.

Conforme salienta Bobbio (2005), os termos públicos e privados surgem no Império Romano e se referem, respectivamente, ao Direito Público e ao Direito Privado, que são as pedras fundamentais do Direito Romano, que é, por sua vez, a pedra fundamental de todo o Direito da civilização ocidental. No entanto, a conceituação do que seja público remonta à civilização grega. Na pólis grega, o espaço público é a esfera de ação do cidadão, é o espaço onde se compete por reconhecimento, precedência e aclamação de ideias. Por oposição, o espaço privado é onde se dão as relações entre os que não são cidadãos, os comerciantes, as mulheres, os escravos.

Atualmente, o conceito de privado remete às questões do mercado e da privacidade do indivíduo e, por outro lado, o público passa a ser identificado com o Estado e o espaço onde ocorrem as relações políticas da sociedade.

Dessa forma, a escola pública é a escola que é constituída, gerida e mantida pelo Estado, ou seja, pelo poder público.

A Economia baseada no Sistema Capitalista que incentiva o consumo desenfreado contribui para a supervalorização do **ter** em detrimento do **ser**. Essa realidade não está distante da escola, muito menos da escola pública. Sendo assim, é fundamental romper com essa concepção neoliberal de escola para a instrução, ou seja, desconstruir a ideia e o objetivo de formar o indivíduo apenas para o mercado de trabalho. Segundo Delors,

> [...] a educação deve contribuir para o desenvolvimento total da pessoa - espírito e corpo, inteligência, sensibilidade, sentido estético, responsabilidade pessoal, espiritualidade. Todo ser humano deve ser preparado, especialmente graças à educação que recebe na juventude, para elaborar pensamentos autônomos e críticos e para formular os seus próprios juízos de valor, de modo a poder decidir, por si mesmo, como agir nas diferentes circunstâncias da vida (DELORS, 1999, p. 99).

Precisa-se repensar a prática educativa utilizada no espaço escolar. Torna-se indispensável revigorar na escola a sua função social, ou seja, voltá-la para o componente social e cultural, engendrado pelas inter-relações pessoais no seu interior, para que essa possa ser concebida como uma organização viva e dinâmica para a qual se propõe um novo tipo de organização e gestão.

A esse tipo de gestão, pode-se defini-la como gestão democrática, que envolve a democratização do saber. Nesse sentido, é importante ter em mente que essa só se tornará possível se for despertado na comunidade escolar e local o desejo de participar efetivamente da gestão escolar. Para o alcance dessa meta, o gestor (diretor) precisa criar, simultaneamente, mecanismos que favoreçam a expressão e a participação dos membros da comunidade na escola e esteja atento para compreender os interesses manifestados pela comunidade interna e externa.

Nessa perspectiva, gerir significa criar condições para que a escola conquiste a sua autonomia, entendida como a capacidade de se organizar e estruturar, criando a sua identidade. Segundo Gadotti (1995, p. 266), "a escola autônoma cultiva a curiosidade, a paixão pelo estudo, o gosto pela leitura e pela produção de textos, escritos ou não. Aprendizagem criativa e não mecânica".

A escola autônoma é aquela que possui uma identidade construída consciente e coletivamente, em que os diversos autores e atores sociais interagem entre si, criam possibilidades de escolhas, alteram e criam novas perspectivas educativas. Essa escola é possuidora de uma autonomia política, curricular, pedagógica, científica e autoavaliativa. No entanto, isso só virá a acontecer "na medida em que aqueles que mais se beneficiarão da democratização da escola puderem participar ativamente das decisões que dizem respeito a seus objetivos e às formas de alcançá-los" (PARO, 1996, p. 66).

A legislação educacional tem tratado do tema e muitos estudiosos têm dado enfoque à importância da participação e democratização do ensino público como forma de construção da cidadania. Estudiosos, como Gadotti (1995, 2002, 2006), Antunes (2002), Abranches (2003), Freire (1983, 1997, 2002), Padilha (2005), Paro (1996) e Lück (2006), dentre outros, enfatizam, para as escolas, a necessidade de implantação do projeto político pedagógico, bem como destacam que é indispensável que se institua e promova o funcionamento efetivo dos Conselhos Escolares.

Acredita-se ser de suma importância a instituição do conselho escolar, pois esse é o órgão colegiado que possibilita a participação da comunidade escolar nos processos decisórios da instituição tornando possível a construção democrática do projeto pedagógico da escola, além de acompanhar a qualidade da educação que lhes é oferecida.

> O Conselho de Escola, com a participação de pais, professores, alunos, membros da comunidade, é o órgão mais importante de uma escola autônoma. Ele deve deliberar sobre a organização do trabalho na escola, sobre todo o funcionamento e, inclusive, sobre a escolha da direção (GADOTTI, 2006, p. 49).

O conselho escolar envolve, necessariamente, a participação humana. Participação de pessoas que objetivam superar desafios, buscar soluções e resolver problemas, com propósitos definidos.

Segundo Pinski (1994), nos primórdios da civilização humana, o homem primitivo, para superar as ameaças que os desafios da natureza o obrigava a enfrentar, buscou unir-se a seus semelhantes com o intuito de descobrir respostas coletivas para os desafios que lhes eram colocados, superando o seu individualismo. E, assim, foi organizando coletivamente o seu trabalho, quer fosse para a caçada em bandos ou mesmo para a coleta e plantação de produtos agrícolas.

No contexto brasileiro, em que o processo de colonização foi marcado pela opressão e discriminação dos menos favorecidos, predominava a exclusão que favorecia uma cultura personalista, patrimonialista e individualista.

Conforme salienta Fausto (1995), os colonizadores visavam tão somente ao enriquecimento rápido e ao consequente retorno para a Europa. Sendo assim, não se preocuparam com uma colonização que favorecesse uma atuação construtiva de formação social orgânica e democrática. Na época colonial, implantou-se aqui um povoamento instrumental, configurado no modo de produção escravista colonial, cuja estratificação social não dava margem a qualquer tipo de participação popular.

Segundo Fausto (1995), no período republicano, do qual se pode tomar como exemplo o período de 1930 a 1964, como consequência da força e jogo de poder das elites, os setores populares da sociedade permaneceram como uma espécie de parceiro-fantasma do jogo político, ou seja, representaram uma força que nunca participou diretamente dos grandes embates. Nessa época, as batalhas travadas eram resolvidas pelos grupos políticos dominantes, que também se autointitulavam representantes legítimos dos interesses populares.

Nessa fase, havia um entrave para a participação popular nos aspectos decisórios do processo político. Entende-se que os motivos para essa ausência de participação das massas não eram a recusa, renúncia ou desistência intencional em relação às questões públicas, mas, sim, os obstáculos que lhes eram colocados pelas elites, cuja intenção era continuar a exercer o monopólio das decisões.

Apesar de sua vertente autoritária, na sociedade brasileira, existiam movimentos que buscavam a democratização da escola. É envolto nesses movimentos e processos que se encontram os primeiros indícios de Conselhos Escolares no Brasil, ainda no século passado. Nesse sentido,

> Experiências de democratização da escola são encontrados em projetos da Escola Nova, na década de 1920, com uma proposta educativa explícita de desenvolver na criança os sentimentos comunitários que garantiriam a vida democrática, além da proposta de permitir a colaboração da família na obra da escola, mesmo que esta participação caracterizasse um trabalho assistencial da escola junto à comunidade. Também a reforma da instrução pública no Estado de São Paulo, na década de 1930, empreendida por Lourenço Filho, e a reforma de Fernando de Azevedo no Distrito Federal, são

apontadas por alguns autores como o marco introdutório das Associações de Pais e Mestres nesse período. A partir de 1950, foram ainda instituídos os órgãos de Cooperação Escolar que determinavam instituições de auxílio à escola, congregando pais e mestres, destinados a gerir a pobreza na escola pública, atendendo aos alunos necessitados (ABRANCHES, 2003, p. 43-44).

Embriões dos atuais Conselhos Escolares podem ser encontrados ainda no final dos anos 70, quando movimentos populares que lutavam pela redemocratização do país fazem com que se comece a germinar nos sistemas públicos de ensino algumas experiências de gestão colegiada na educação básica.

Como reforço disso, o Programa Nacional de Fortalecimento dos Conselhos Escolares, no caderno intitulado "Uma Estratégia de Gestão Democrática da Educação Pública", apresenta experiências anteriores à Constituição de 1988 ocorridas nos estados de Minas Gerais e São Paulo, em 1977, no Distrito Federal, em 1979, e no município de Porto Alegre, em 1985 (BRASIL, 2004).

Em Minas Gerais, o colegiado que consta do seu Estatuto do Magistério assemelhava-se a uma congregação de professores, pois não fazia qualquer referência às categorias de estudantes, pais, funcionários ou a comunidade. Já em São Paulo, os colegiados aparecem apenas com função consultiva e eram formados pelo diretor e seus assistentes, orientadores, representantes de professores, secretário escolar, representante da associação de pais e mestres e representantes dos estudantes (BRASIL, 2004).

No início da década de 80, quando o período de transição democrática permitiu uma maior participação da sociedade civil, pode-se também encontrar indícios do que viriam a ser os atuais conselhos, naquela época denominados de "comissões" e "conselhos".

Instalam-se, então, em nível nacional discussões referentes às reformas educacionais, tomando como base os princípios da gestão democrática. A exemplo desses processos, tem-se a realização das Conferências Brasileiras de Educação, que trataram de temas relevantes como: "Políticas Educacionais" – 1980; "Educação: perspectiva na democratização da sociedade" – 1982; "Das críticas às propostas de ação" – 1984; "Educação e constituinte" – 1986; "A nova lei de diretrizes e bases da educação: compromisso dos educadores" – 1989 (ABRANCHES, 2003, p. 28).

As discussões referentes à autonomia e à descentralização do sistema educacional foram enfatizadas por meio do Fórum da Educação e do Congresso Mineiro de Educação, ocorridos no início da década de 80, nos estados de São Paulo e Minas Gerais respectivamente. Nesses eventos, buscou-se esclarecer a importância da participação coletiva da comunidade escolar no processo de planejamento e implementação das atividades escolares. No Congresso Mineiro de Educação, houve um destaque especial para a necessidade de criação e implantação dos colegiados em todas as escolas do Estado.

Segundo Abranches (2003), os Conselhos Escolares tiveram sua origem no Brasil, na década de 80, quando alguns educadores se envolveram no movimento de educação popular comunitária que traduziu-se pela expressão escola pública popular, tendo sido também acompanhada por uma determinada corrente de pensamento pedagógico. Esse pensamento buscava tornar real, pela democratização da educação, o acesso e permanência dos alunos, a participação na gestão e escolha democrática dos dirigentes educacionais e a democratização do próprio Estado.

O movimento escolanovista composto por educadores que se rebelaram contra a educação tecnicista, considerada rígida e autoritária, questionava a forma de atuação centralizada dos diretores escolares. Nessa época, passou-se a defender uma gestão democrática que envolvesse todos os membros da comunidade escolar no processo de organização e gerenciamento da unidade escolar.

O conselho escolar é um órgão colegiado que tem como principal objetivo promover a participação da comunidade escolar nos processos decisórios, no que tange à administração e à gestão da escola, visando a assegurar a qualidade do trabalho escolar em termos administrativo, financeiro e pedagógico, desempenhando, portanto, funções de natureza normativa, deliberativa e fiscalizadora das ações globais da escola.

Esse colegiado é formado por representantes de todos os segmentos da comunidade escolar e agrega alunos, funcionários, professores, direção e pais, com o objetivo de democratizar as relações de poder no interior da escola, de forma que possibilite a melhoria da qualidade da educação escolar.

É o órgão gestor que cria mecanismos de participação efetiva e democrática da comunidade escolar, desde a definição da programação e aplicação de recursos financeiros, do projeto político-administrativo-pedagógico, da elaboração e alteração do Regimento Escolar, da definição do calendário escolar, observando a legislação vigente.

O conselho escolar constitui-se um dos caminhos para a construção de uma escola de qualidade e equânime que integra em seu projeto as necessidades e as aspirações da comunidade escolar. É por meio desse órgão colegiado que a comunidade pode fiscalizar e acompanhar os serviços prestados pela Escola. Segundo Abranches,

> [...] o colegiado escolar é caracterizado como um órgão coletivo de decisões, capaz de superar a prática do individualismo e do grupismo, instalando-se como uma instituição eminentemente política, na medida em que agrega de cada um dos setores (escola e comunidade) os seus interesses específicos, que devem ser unificados em prol do projeto da escola (ABRANCHES, 2003, p. 45).

Ao se pensar em conselho escolar, é necessário analisar-se a sua estrutura e funcionamento, uma vez que variam entre os estados e municípios. Sua composição, funcionamento e competências são determinados pelo estatuto ou regimento de cada município, que, por sua vez, devem estar em consonância com a legislação educacional vigente.

De acordo com a LDBEN (Lei n.º 9.394/96), os conselhos escolares são estratégias da gestão democrática da escola pública, já que esse tem como pressupostos o exercício do poder, pela participação efetiva da comunidade escolar nos processos decisórios. Senão, vejamos o Art. 14 dessa lei:

> Art. 14. Os sistemas de ensino definirão as normas da gestão democrática do ensino público na educação básica, de acordo com as suas peculiaridades e conforme os seguintes princípios:
>
> I - participação dos profissionais da educação na elaboração do projeto pedagógico da escola;
>
> II - participação das comunidades escolar e local em conselhos escolares ou equivalentes (BRASIL, 1996)

Os conselhos visam assegurar a qualidade do trabalho escolar em termos administrativo, financeiro e pedagógico e devem ser formados por um colegiado eleito pela comunidade escolar, garantindo a paridade dos seus representantes, de modo que 50% (cinquenta por cento) é composto por representantes do magistério e servidores e 50% é composto por representantes dos alunos e pais.

Vale salientar que a representatividade num processo democrático participativo significa que os conselheiros, antes de tomar qualquer decisão, necessitam consultar e estar afinados com a opinião da comunidade escolar que o elegeu. Só assim essa terá uma participação social e política na gestão escolar.

O Conselho possui características

> [...] deliberativa, consultiva, normativa e fiscalizadora [...] Quanto às atribuições fundamentais: [...] constituição de comissões especiais para estudos de assuntos relacionados aos aspectos administrativos, pedagógicos e financeiros da escola (CISESKI; ROMÃO 2002 *in* GADOTTI, 2002, p. 68).

Como se pode perceber, os Conselhos Escolares normalmente desempenham funções que podem ser deliberativas, consultivas, normativas e fiscalizadoras. Segundo o Programa Nacional de Fortalecimento dos Conselhos Escolares[7], os Conselhos têm as seguintes funções:

> a) Deliberativas: quando decidem sobre o projeto político-pedagógico e outros assuntos da escola, aprovam encaminhamentos de problemas, garantem a elaboração de normas internas e o cumprimento das normas do sistema de ensino e decidem sobre a organização e o funcionamento geral das escolas, propondo à direção as ações a serem desenvolvidas. Elaboram normas internas da escola sobre questões referentes ao seu funcionamento nos aspectos pedagógico, administrativo e financeiro (BRASIL, 2006, p. 39).

Nesse âmbito, as atribuições dos Conselhos apresentam ações como definir, elaborar, aprovar, decidir, indicar, garantir, eleger, deliberar, dentre outras, que revelam maior força de atuação e de poder na escola.

As outras funções indicadas pelo Programa Nacional de Fortalecimento dos Conselhos Escolares são:

> b) Consultivas: quando têm um caráter de assessoramento, analisando as questões encaminhadas pelos diversos segmentos da escola e apresentando sugestões ou soluções, que

---

[7] É um programa do governo federal, implementado no ano de 2006, pela Secretaria de Educação Básica do Ministério da Educação, visando atuar em regime de colaboração com os sistemas de ensino, para fomentar a implantação e o fortalecimento de Conselhos Escolares nas escolas públicas de educação básica.

poderão ou não ser acatadas pelas direções das unidades escolares.

c) Fiscais (acompanhamento e avaliação): quando acompanham a execução das ações pedagógicas, administrativas e financeiras, avaliando e garantindo o cumprimento das normas das escolas e a qualidade social do quotidiano escolar.

d) Mobilizadoras: quando promovem a participação, de forma integrada, dos segmentos representativos da escola e da comunidade local em diversas atividades, contribuindo assim para a efetivação da democracia participativa e para a melhoria da qualidade social da educação (BRASIL, 2006, p. 39).

Segundo Gadotti,

> Suas funções são sempre revestidas de grande importância e relevância: definir seu Regimento Interno, discutir suas diretrizes e metas de ação, analisar e definir prioridades, discutir e deliberar sobre os critérios de avaliação da instituição escolar como um todo, enfim, garantir que, democraticamente, os membros da escola e da comunidade apreciem, opinem e proponham ações que contribuam para a solução dos problemas de natureza pedagógica, administrativa ou financeira da escola (GADOTTI, 2002, p. 72).

O conselho escolar (ou colegiado escolar como é denominado na Rede Oficial de Educação do Estado da Bahia) também pode instituir na escola grupos de formação continuada, para refletir e/ou construir o seu projeto pedagógico e discutir temas que ampliem a compreensão dos membros na construção de uma escola pública democrática. A Constituição do Estado da Bahia (1989) diz que:

> Art. 249 - A gestão do ensino público será exercida de forma democrática, garantindo-se a representação de todos os segmentos envolvidos na ação educativa, na concepção, execução, controle e avaliação dos processos administrativos e pedagógicos.
>
> §1º - A gestão democrática será assegurada através dos seguintes mecanismos:
>
> I -   Conselho Estadual de Educação;
>
> II - Colegiados Escolares (BAHIA, 1989, s/p).

Acredita-se ser o Conselho o órgão colegiado que favorece maior perspectiva de mudanças no funcionamento da escola, além de fomentar outra importante dimensão que é a eleição de diretor, permitindo a divisão social do trabalho e possibilitando transparência e socialização na destinação dos recursos financeiros.

Várias experiências têm comprovado que o funcionamento e fortalecimento dos Conselhos Escolares contribuem de forma significativa para a autonomia da instituição escolar. Essas instituições, ao se desprenderem das amarras dos órgãos centrais, apresentam melhores condições para responder ao meio em que se encontram e para assumirem as responsabilidades pelos resultados das atividades desenvolvidas, propiciando, assim, a melhoria na qualidade do ensino.

As experiências também demonstram que é necessário que a gestão democrática, vivenciada no dia a dia das escolas, seja incorporada ao cotidiano e se torne tão essencial quanto a presença de professores e alunos. A implantação do conselho escolar é uma ação importante e necessária, entretanto, não é suficiente para a constituição da Escola Democrática e, consequentemente, para a garantia da qualidade do ensino, bem como para a constituição de políticas públicas de educação integral. É necessário criar condições para que esse colegiado venha a exercer plenamente as suas funções.

Nesse sentido, a sociedade civil cumpre uma primordial função democrática, derivada de sua própria natureza — pluralista e diversificada —, que é a de promover o controle do Estado pela sociedade, por meio da limitação do poder estatal. Essa importante função democrática é que irá convalidar as decisões tomadas nos colegiados, possibilitando a autonomia administrativa, pedagógica e financeira da instituição escolar.

A atuação dos representantes da sociedade civil, eleitos para os conselhos escolares, é que criam as condições para que a comunidade escolar e local juntas, possam construir a identidade institucional da escola, por meio da participação e do envolvimento dessa mesma sociedade civil nos processos decisórios da escola. Isso vem ratificar a necessidade de discussão ampla e constante do currículo, atentando para as multireferencialidades existentes no cotidiano escolar.

É sabido pelos estudiosos do assunto e assegurado pela LDBEN (Lei n.º 9.394/96) que os representantes dos Conselhos Escolares devem ser eleitos por seus pares, de modo que todos os segmentos da comunidade escolar estejam representados. Vejamos o que, sobre isso, diz Gadotti,

> O Conselho de Escola é um colegiado normalmente formado por todos os segmentos da comunidade escolar: pais, alunos, professores, direção e demais funcionários. Através dele, **todas as pessoas ligadas à escola podem se fazer representar e decidir sobre os aspectos administrativos, financeiros e pedagógicos**, tornando este colegiado não só um canal de participação, mas também um instrumento de gestão da própria escola (GADOTTI, 2002, p. 70, grifo nosso).

Para que esse Colegiado possa vir a contribuir de forma significativa para a democratização da gestão do ensino e para a implantação de políticas públicas que vislumbre a educação em tempo integral, é extremamente necessário que os conselheiros consultem constantemente as pessoas que compõem os segmentos que representam, a fim de se tornarem um canal institucional das deliberações, evitando as decisões de caráter individual que expressam unicamente o ponto de vista do conselheiro.

A divulgação antecipada da pauta das reuniões e assembleias se configura como um dos elementos que poderá contribuir significativamente para que o Conselho possa a vir exercer o seu papel. A esse respeito, Antunes assevera,

> Os membros do C. E. não devem ir para uma reunião sem saber os itens que serão abordados, pois correm o risco de tomar decisões equivocadas por não terem tido tempo de amadurecer suas opiniões. Além disso, os membros eleitos não estão garantindo a representatividade, ou seja, não terão condições de consultar os seus pares para saber o que eles pensam e respeito de cada assunto e acabarão votando a partir de suas próprias avaliações (ANTUNES, 2002, p. 40).

Ao conhecer e compreender os Conselhos Escolares, bem como a sua importância para a melhoria da qualidade da educação, a comunidade escolar provavelmente desenvolverá um sentimento de pertencimento para com a escola, o que contribuirá para uma maior participação e envolvimento.

Nesse sentido, a existência de momentos de discussão e reflexão com a comunidade escolar poderá se constituir em elemento de suma importância para que os conselheiros e os seus segmentos sintam-se partícipes e cogestões da instituição escolar, uma vez que:

> O Conselho não pode se reunir só para resolver preocupações dos funcionários da escola. É preciso que todas as vozes (de pais, alunos, crianças, jovens, adultos, negros, mulheres, portadores de necessidades especiais) presentes na escola sejam valorizadas. É precioso também que deixemos de discutir apenas os problemas e consigamos olhar e aproveitar melhor as potencialidades da escola (ANTUNES, 2002, p. 40).

É nesse sentido que se desenvolve no ambiente escolar o respeito pela diversidade de interesses e culturas, o que se revela como um real exercício da democracia, pois o ouvir, o respeitar e a igualdade de condições para expressar-se são, sem sombra de dúvida, elementos propiciadores da gestão democrática.

Mesmo com os estudos e considerações existentes a respeito, entende-se que o conselho escolar não é algo pronto e acabado. Nem mesmo uma solução milagrosa para todos os males da escola. É algo ainda em construção.

A nossa escola, inserida que está em uma sociedade capitalista, vivencia também as contradições desta, as quais se refletem de forma bastante clara nas diferenças sociais apresentadas por seus estudantes e familiares. Todavia, ao mesmo tempo em que pode reproduzir estruturas de dominação da sociedade, a escola também pode se constituir em um campo aberto para o questionamento desse padrão de dominação.

Nessa perspectiva, a construção coletiva e democrática do seu Projeto Político Pedagógico – PPP (1996) e a participação da comunidade na gestão escolar certamente se constituirá em elementos significativos em busca de uma sociedade menos injusta.

É nesse sentido que os Conselhos Escolares são muito importantes, pois poderão favorecer e incentivar o envolvimento e comprometimento de todos os segmentos compreendidos pelo processo educativo, de modo a promover o exercício da participação e da renovação democrática no espaço escolar.

1.3 O TECER DA EDUCAÇÃO INTEGRAL NO BRASIL

A Educação Integral no Brasil teve seus primeiros fios tecidos no movimento Escola Nova, corrente filosófica que defende a formação autônoma dos sujeitos e a democratização da sociedade.

Esse movimento teve como um de seus precursores o educador Anísio Spínola Teixeira, que objetivava por meio da educação reconstruir as bases sociais com vistas ao desenvolvimento democrático, o qual, segundo ele, só poderia acontecer mediante uma formação integral da criança.

Para os escolanovistas, os sujeitos precisavam ter uma formação que promovesse a articulação da educação intelectual com a atividade criadora, de modo a propiciar o desenvolvimento das várias expressões da vida social e comunitária, promovendo, assim, a construção da autonomia dos estudantes

O Movimento dos Pioneiros da Educação Nova de 1932 defendia uma escola com funções variadas, que valorizasse as atividades e experiências da vida diária, que propiciasse não apenas o ensino das letras, mas a formação de hábitos de pensar, fazer, agir, conviver e participar da vida em uma sociedade democrática.

Nesse sentido, vejamos o que Anísio Teixeira ressalta:

> [...] restituir-lhe à escola o dia integral, enriquecer-lhe o programa com atividades práticas, dar-lhes amplas oportunidades de formação de hábitos de vida real, organizando a escola como miniatura da comunidade, com toda a gama de suas atividades de trabalho, de estudo, de recreação e de arte.
>
> [...] a escola já não poderia ser a escola dominantemente de instrução de antigamente, mas fazer as vezes da casa, da família, da classe social e por fim da escola, propriamente dita, oferecendo à criança oportunidades completas de vida, compreendendo atividades de estudos, de trabalho, de vida social e de recreação e jogos (TEIXEIRA, 1994, p. 162).

Partindo dessas bases filosóficas, o movimento da Escola Nova lutava por uma sociedade democrática e justa em que a educação fosse um direito de todos e não um privilégio de uma minoria, uma educação orientada nos princípios de desenvolvimento integral do indivíduo, pautada na liberdade de pensamento, em que as ciências, as artes e a cultura popular estivessem presentes no ato de educar.

Vale ressaltar que o tema Educação Integral não surgiu na sociedade moderna. Pode-se ver indícios dessas concepções de educação desde a antiguidade, pois, conforme explicita Gadotti (2009), Aristóteles já apresentava em seus escritos alguns aspectos da Educação Integral, quando afirmava que a educação devia fazer brotar todas as potencialidades humanas.

No Brasil, as discussões em torno da Educação Integral e da Escola em Tempo Integral tiveram dois marcos relevantes:

O Centro Educacional Carneiro Ribeiro – CECR (1950), no estado da Bahia, constituído por quatro Escolas Classes e uma Escola-Parque, idealizado e estruturado por Anísio Teixeira, no período de 1940 a 1960, com a proposta de intercalar teoria e prática. Nas Escolas Classes, desenvolviam-se as atividades intelectuais e nas Escolas Parques as atividades práticas como: danças, artes, recreação, ginastica, jogos, teatro, danças, sendo tais atividades distribuídas ao longo do dia.

E os Centros Integrados de Educação Pública – CIEPs (1983), projetado por Darcy Ribeiro, no período de 1980 a 1990, que se configuravam como complexos escolares que incluíam bibliotecas, espaços esportivos, refeitório, pátios para o convívio informal, salas temáticas para dança, teatro e outras atividades afins. Além disso, a proposta pedagógica dos CIEPs (1983) previa a não reprovação e a aprendizagem por objetivos, ampliando, assim, o tempo para que os estudantes apreendessem, pois os objetivos não apreendidos naquele período eram propostos no ano seguinte formando um ciclo de aprendizagem. Pautava-se em uma concepção pedagógica que visava a respeitar o universo cultural dos estudantes.

Tanto Anísio, como Darcy pensaram e propuseram a educação pública como um espaço aberto, propício e fecundo em que a escola se caracteriza como a ponte entre a cultura do estudante e o conhecimento formal exigido pela sociedade, na qual o trabalho coletivo, as experiências e os saberes possam entrelaçar-se fio a fio com os saberes da vida.

O debate da Educação Integral e a Escola de Tempo Integral foi sendo construído em meio a lutas e reivindicações dos movimentos populares de redemocratização do país, encontrando seu aporte legal na Constituição Federal de 1988, em seus artigos 205, 206 e 227. Vejamos:

> Art. 205. A educação, direito de todos e dever do Estado e da família, será promovida e incentivada com a colaboração da sociedade, visando ao pleno desenvolvimento da pessoa, seu preparo para o exercício da cidadania e sua qualificação para o trabalho.
>
> Art. 206. O ensino será ministrado com base nos seguintes princípios:
>
> I - igualdade de condições para o acesso e permanência na escola;
>
> II - liberdade de aprender, ensinar, pesquisar e divulgar o pensamento, a arte e o saber;
>
> [...]

> Art. 227. É dever da família, da sociedade e do Estado assegurar à criança e ao adolescente, com absoluta prioridade, o direito à vida, à saúde, à alimentação, à educação, ao lazer, à profissionalização, à cultura, à dignidade, ao respeito, à liberdade e à convivência familiar e comunitária, além de colocá-los a salvo de toda forma de negligência, discriminação, exploração, violência, crueldade e opressão (BRASIL, 1988, s/p).

É notório que a Carta Magna de 1988, ao se referir à educação, salientando que ela visa ao desenvolvimento da pessoa e ao exercício da cidadania, expressa o desejo e o dever do desenvolvimento de uma Educação que promova o enfrentamento às desigualdades sociais oportunizando a toda população uma educação cidadã e integral.

Esse desejo vai se configurando e se solidificando com a criação do Estatuto da Criança e do Adolescente – ECA (Lei n.º 9.089/1990), que também faz menção à Educação Integral e posteriormente com a LDBEN (Lei n.º 9.394/96), vejamos:

> Art. 34. A jornada escolar no ensino fundamental incluirá pelo menos quatro horas de trabalho efetivo em sala de aula, sendo progressivamente ampliado o período de permanência na escola.
>
> [...]
>
> § 2º O ensino fundamental será ministrado progressivamente em tempo integral, a critério dos sistemas de ensino.
>
> Art. 87. É instituída a Década da Educação, a iniciar-se um ano a partir da publicação desta Lei.
>
> § 1º A União, no prazo de um ano a partir da publicação desta Lei, encaminhará, ao Congresso Nacional, o Plano Nacional de Educação, com diretrizes e metas para os dez anos seguintes, em sintonia com a Declaração Mundial sobre Educação para Todos.
>
> [...]
>
> § 5º Serão conjugados todos os esforços objetivando a progressão das redes escolares públicas urbanas de ensino fundamental para o regime de escolas de tempo integral (BRASIL, 1996, p. 24-45).

Apesar da LDBEN (Lei n.º 9.394/96) garantir a progressão para o regime de Escolas de Tempo Integral, percebe-se que, passados mais de 20 anos da referida Lei, o Brasil ainda encontra-se engatinhando no processo de implantação das escolas públicas de tempo integral.

Em meio a esse cenário de lutas e reivindicações, em 9 de janeiro de 2001, é aprovada a Lei n.º 10.172/2001, que instituiu o Plano Nacional de Educação – PNE (2001-2010), que retoma e valoriza a Educação Integral como possibilidade de formação integral da pessoa. O PNE (2001-2010) avança para além do texto da LDBEN (Lei n.º 9.394/96), ao apresentar a educação em tempo integral como objetivo do ensino fundamental. Além disso, o PNE (2001-2010) apresenta como meta a ampliação progressiva da jornada escolar para um período de no mínimo sete horas diárias, durante todo o ano letivo.

Em termos de regulamentação legal, pode-se fazer referência ao Decreto n.º 6.253/07, que definiu o tempo total de permanência dos estudantes na escola de tempo integral reafirmando o exposto pelo PNE (2001-2010).

Para garantir o financiamento da Educação Integral, a Lei n.º 11.494, de 20 de junho de 2007, criou o Fundo de Manutenção e Desenvolvimento da Educação Básica e de Valorização dos Profissionais da Educação – FUNDEB (Lei n.º 11.494/2007), que determina e regulamenta a liberação de recursos para a Educação Integral, destinando um investimento de 25% a mais para cada estudante de tempo integral em comparação ao estudante de ensino fundamental. Como podemos verificar em seu Art. 36, incisos V e VII

Art. 36. No 1º (primeiro) ano de vigência do FUNDEB, as ponderações seguirão as seguintes especificações:

> I - creche - 0,80 (oitenta centésimos);II - pré-escola - 0,90 (noventa centésimos);
>
> III - anos iniciais do ensino fundamental urbano - 1,00 (um inteiro);
>
> IV - anos iniciais do ensino fundamental no campo - 1,05 (um inteiro e cinco centésimos);
>
> V - anos finais do ensino fundamental urbano - 1,10 (um inteiro e dez centésimos);
>
> VI - anos finais do ensino fundamental no campo - 1,15 (um inteiro e quinze centésimos);

VII - ensino fundamental em tempo integral - 1,25 (um inteiro e vinte e cinco centésimos);

VIII - ensino médio urbano - 1,20 (um inteiro e vinte centésimos);
IX - ensino médio no campo - 1,25 (um inteiro e vinte e cinco centésimos);

X - ensino médio em tempo integral - 1,30 (um inteiro e trinta centésimos);

XI - ensino médio integrado à educação profissional - 1,30 (um inteiro e trinta centésimos);

XII - educação especial - 1,20 (um inteiro e vinte centésimos);
XIII - educação indígena e quilombola - 1,20 (um inteiro e vinte centésimos);

XIV - educação de jovens e adultos com avaliação no processo - 0,70 (setenta centésimos);

XV - educação de jovens e adultos integrada à educação profissional de nível médio, com avaliação no processo - 0,70 (setenta centésimos) (BRASIL, 2007).

O FUNDEB (Lei n.º 11.494/2007) configurou-se em um dos marcos legais mais significativos para a implantação e implementação de Escolas de Tempo Integral nas respectivas Redes de Ensino, já que ele destina recursos para o financiamento dessa modalidade Educativa.

Nesse tecer, a Educação Integral vai sendo desenhada no cenário educacional brasileiro. O Ministério da Educação – MEC (Lei n.º 19.402/1930) propõe diversas ações e programas visando a induzir as Redes de Ensino para a ampliação da jornada escolar e consequentemente a reorganização curricular na perspectiva do tempo integral. Dentre essas ações, pode-se citar o Plano de Desenvolvimento da Educação – PDE (Lei n.º 6.094/2007), lançado em conjunto com o Plano Metas Compromisso Todos pela Educação, que prevê a participação da comunidade escolar e local nas ações da escola.

Como parte integrante do PDE (Lei n.º 6.094/07), o MEC (1930) institui o Programa Mais Educação por meio da Portaria Interministerial n.º 17, de 24 de abril de 2007, e pelo Decreto n.º 7.083, de 27 de janeiro de 2010b.

O Programa Mais Educação nasce como uma ação propulsora da educação em tempo integral e objetiva promover o diálogo entre as políticas públicas de combate à discriminação, à desigualdade social e educacional e aos diversos atores sociais, a fim de compartilhar a tarefa educativa com a comunidade, a família e as instituições públicas e privadas.

Vejamos o que diz a Portaria Interministerial:

> Art. 3° O Programa Mais Educação promoverá a articulação de ações do Governo Federal que tenham como beneficiários crianças, adolescentes e jovens.
>
> Art. 4° Integram o Programa Mais Educação ações dos seguintes Ministérios:
>
> I - Ministério da Educação;
>
> II - Ministério do Desenvolvimento Social e Combate à Fome;
>
> III - Ministério da Cultura;
>
> IV - Ministério do Esporte.
>
> [...]
>
> Art. 5º O Programa Mais Educação será implementado por meio de:
>
> I - articulação institucional e cooperação técnica entre Ministérios, Secretarias Federais e entes federados, visando a criação de um ambiente de interlocução e o estabelecimento de padrões de referência para o cumprimento das finalidades previstas no art. 2º desta Portaria.
>
> II - assistência técnica e conceitual, por parte dos Ministérios e Secretarias Federais integrantes do Programa, com ênfase na sensibilização e capacitação de gestores e fomento à articulação intersetorial local;
>
> III - incentivo e apoio a projetos que visem à articulação de políticas sociais para a implementação de atividades sócio-educativas no contraturno escolar, com vistas a formação integral de crianças, adolescentes e jovens (BRASIL, 2007, s/p).

Enquanto política pública intersetorial, o Programa Mais Educação nasce em decorrência de reivindicações de movimentos sindicais, políticos e da sociedade civil organizada, que, por meio dos fóruns constitutivos do PNE, sinalizaram a necessidade da implantação de Educação em Tempo Integral no país.

Inicialmente, o programa busca atender estudantes que se encontram em situação de vulnerabilidade social, priorizando as escolas de baixo Índice de Desenvolvimento da Educação Básica – IDEB (2007).

Nesse contexto, o Programa busca assegurar a proteção social e o direito de aprender por meio das diversas áreas do conhecimento como: artes, esporte, cultura, tecnologia digital, Direitos Humanos, meio ambiente, saúde, comunicação, enfatizando o ensino de Língua Portuguesa e Matemática de forma lúdica e vivencial, a partir do diálogo e da articulação com o Projeto Político Pedagógico de cada Unidade Escolar.

E assim, busca-se construir um paradigma contemporâneo de educação, que valorize os saberes, as experiências e as vivências da comunidade escolar e local, travando uma interlocução com os sujeitos que fazem e dão vida ao universo escolar, a sua comunidade. Com isso, retoma-se o pensamento do educador Anísio Teixeira no sentido da descentralização da educação como processo básico para uma política educacional articulada com o contexto local e territorial que priorize a integração dos sistemas educacionais federais, estaduais e municipais.

> [...] A grande reforma da educação é assim, uma reforma política, permanente descentralizante, pela qual se criem nos municípios os órgãos próprios para gerir os fundos municipais de educação e os seus modestos, mas vigorosos, no sentido de implantação local, sistemas educacionais. [...] (TEIXEIRA, 1958, p. 40).

As demandas atuais recaem sobre a necessidade da descentralização e da articulação entre os sistemas de ensino, com vistas a promover a autonomia da escola, mediante o fortalecimento de práticas democráticas, do diálogo constante com a comunidade escolar e local e da atuação efetiva do conselho escolar.

Diante do exposto, perceber que os conselhos escolares constituem-se um dos possíveis caminhos para a democratização da gestão escolar, entretanto, é preciso perceber como a sociedade civil se apresenta neste cenário.

CAPÍTULO 2

A GESTÃO ESCOLAR DEMOCRÁTICA NO CENÁRIO DA SOCIEDADE CIVIL

Neste capítulo, pretende-se apresentar um breve relato sobre a constituição e gênese do que se entende por Escola Democrática, seu surgimento, contexto político-social e sua proposta para atender às necessidades demandadas.

Propõe-se uma reflexão sobre a Escola Democrática e, a partir do conceito cidadania, alvitra-se fazer um paralelo entre Escola Democrática e Educação Democrática, com vistas a explicitar para o leitor o que vem a ser uma escola efetivamente democrática. Em seguida, apresentam-se os marcos legais e filosóficos que sustentam esse tipo de gestão e posteriormente faz-se um paralelo entre gestão escolar democrática, educação e sociedade civil.

Ao abordar o tema "Educação e a Sociedade Civil", busca-se compreender a interferência e a atuação da Sociedade Civil junto à Escola e como ela influência na constituição e funcionamento dos Conselhos Escolares. Para elucidar a problemática, apresenta-se o conceito de sociedade civil organizada e suas formas de atuação enquanto força política na busca de soluções para os conflitos sociais. Em decorrência disso, objetiva-se entender como essa mesma sociedade pode interferir e reivindicar políticas públicas educacionais para a efetivação da Escola de Educação Integral em Tempo Integral.

Por fim, esboçam-se as formas de descentralização do poder, enfatizando o papel desempenhado pelos Conselhos Escolares neste processo. Destaca-se as contribuições dos movimentos sociais para a efetivação da "Gestão Democrática na Escola de Educação Integral em Tempo Integral", ressaltando os princípios, formas de organização e gestão da Educação Integral.

2.1 UMA REFLEXÃO SOBRE A ESCOLA DEMOCRÁTICA

O conceito de democracia está bastante associado, até mesmo vinculado, ao conceito de cidadania. A esse respeito Gadotti afirma que:

> Pode-se dizer que cidadania é essencialmente consciência de direitos e deveres e exercício da democracia: **direitos civis**, como segurança e locomoção; **direitos sociais**, como trabalho, salário justo, saúde, educação, habitação etc; **direitos políticos**, como liberdade de expressão, de voto, de participação em partidos políticos e sindicatos, etc. Não há cidadania sem democracia (GADOTTI, 2006, p. 67, grifo do autor).

Nesse sentido, tanto faz falar de escola democrática, como escola cidadã. Os termos são sinônimos. A Escola Democrática é uma escola que forma para e pela cidadania. Que educa para a cidadania.

Para discutir Escola Democrática, é preciso entender a educação democrática. A Educação Democrática traduz-se como um amplo movimento da própria sociedade e é muito mais abrangente do que o ensino e a própria escola. Contudo, nesta pesquisa, refere-se, especificamente à escola, como lócus principal da educação formal, e à Escola Democrática, em particular, pelo seu caráter histórico como expressão de uma educação democrática.

O movimento pela "Escola Democrática", por uma educação para e pela cidadania, nasceu no final da década de 80, na educação municipal brasileira. A esse respeito afirma Gadotti:

> A Escola Cidadã está fortemente enraizada no movimento de educação popular comunitária que, na década de 80, traduziu-se pela expressão escola pública popular com uma concepção e uma prática da educação realizada em diversas regiões do país. Por isso, hoje, alguns consideram como primeira experiência concreta de Escola Cidadã - embora nos documentos oficiais ainda não se usasse essa expressão, mas a expressão "Escola Pública Popular" - a experiência de Paulo Freire na gestão da prefeita Luiza Erundina no Município de São Paulo (1989-1992). A expressão "escola cidadã" apareceu pela primeira vez na literatura pedagógica brasileira num artigo de Genuino Bordignon, em maio de 1989, na Revista Educação Municipal, editada pela UNDIME (União Nacional de Dirigentes Municipais de Educação) e pela Editora Cortez, como uma "utopia municipalista (GADOTTI, 2006, p. 70).

Não só no Brasil, encontram-se referências ao surgimento da Escola Democrática. Experiências em outros países também caminharam neste sentido. Nos Estados Unidos, na década de 30, surge uma noção do que viria a ser a escola cidadã: foram as *CitizenshipSchools*. Foram idealizadas pelo educador popular Myles Horton, para atender a um pedido feito por um líder comunitário negro, que tinha como objetivo principal a alfabetização dos negros para que estes pudessem exercer o direito do voto e, consequentemente, o poder político e conquista da sua liberdade. As ideias de Myles Horton nos Estados Unidos e as de Paulo Freire no Brasil contribuíram de forma decisiva para uma reflexão acerca de uma educação para e pela cidadania (GADOTTI, 2006).

No Brasil, ao final da década de 80, principalmente a partir da Constituição de 1988, ampliaram-se as discussões sobre o caráter público ou privado da escola fundamental gerando grandes controvérsia. De um lado, havia a concepção neoliberal, que privilegiava os direitos privados confundindo-os com privatismo; a outra corrente, concebia todas as iniciativas públicas como esbanjadoras ineficientes e ineficazes, caras ao erário público e pobres na remuneração de seus agentes. A solução estaria numa escola estatal, quanto ao financiamento, comunitária e democrática, quanto à gestão e pública, quanto à destinação. A esse respeito, as palavras de Gadotti são elucidativas quando diz:

> Em outros termos, o Poder Público deve garantir sua manutenção, entregando mais recursos diretamente à escola para que ela, através de sua direção, democraticamente eleita, assessorada por um colegiado representativo da comunidade escolar, elabore, execute e implemente, com autonomia, seu projeto político-pedagógico. Essa foi a concepção inicial de Escola Cidadã que foi sendo reinventada pela prática ao longo de mais uma década, onde apareceram novas "versões", com diferentes nomes, mas respeitando a característica central da formação para a cidadania (GADOTTI, 2006, p. 88).

O Centro de Pesquisas para Educação e Cultura – CENPEC (1987) de São Paulo, com o apoio do Fundo das Nações Unidas para a Infância – UNICEF (1946), escolheu, em 1993, quinze relevantes experiências de municípios cujas políticas educacionais promoviam a democratização da gestão escolar com participação da comunidade para fortalecê-la como o centro das decisões (GADOTI, 2006, p. 73) Essas experiências revelaram um novo movimento de inovação na Escola, ainda no final dos anos 80, antecedendo o movimento pela Escola Cidadã que veio a ocorrer no início dos anos 90.

Em 1994, o Instituto Paulo Freire, baseado nas primeiras experiências de educação cidadã, sistematizou as principais linhas de um projeto de educação para e pela cidadania, conhecido como Projeto da Escola Cidadã, o qual acentuava a corresponsabilidade na gestão da educação pública entre o poder público, a escola e a comunidade, num verdadeiro "regime de colaboração", como previa a Constituição "cidadã" Brasileira de 1988.

Considerando que a finalidade da escola seja a formação para a cidadania, essas escolas e as políticas educacionais que as promovem devem ter uma formatação própria em cada realidade. O que elas possuem em comum, além do propósito principal, é o respeito pelas características histórico-culturais da região, os ritmos e as conjunturas específicas.

Após este breve histórico sobre as origens da Escola Democrática, faz-se necessário avaliar como ela é tratada pela legislação sobre o assunto, principalmente no que se refere à gestão democrática. Reportando-nos à necessária consulta à legislação pertinente, veja-se o que a LDBEN (Lei nº. 9.394/96) diz então a respeito da gestão democrática.

A LDBEN (Lei n.º 9.394/96) traz de forma clara quais são os princípios da gestão democrática, deixando para as instituições escolares a responsabilidade de criar artifícios e caminhos para a constituição de tal gestão, de forma a assegurar, assim, a participação e o envolvimento de toda a comunidade escolar nesse processo de democratização.

Democratizar é

> [...] construir participativamente um projeto de educação de qualidade social, transformador e libertador, onde a escola seja um laboratório de prática, de exercício e de conquista de direitos, de formação de sujeitos históricos autônomos, críticos e criativos, cidadãos plenos, identificados com os valores éticos, voltados à construção de um projeto social solidário, que tenha na prática da justiça, da liberdade, no respeito humano, nas relações fraternas entre homens e mulheres e na convivência harmônica com a natureza, o centro de suas preocupações (AZEVEDO apud SILVA, 2001, p. 312).

Sendo assim, a escola democrática, ao trazer para o seu eixo norteador a comunidade escolar e as suas questões, tende a contribuir para a constituição da cidadania, a qual é vista como

> [...] homens e mulheres capazes de usufruir e partilhar cultural e materialmente da sociedade [...] Ele é efetivamente cidadão se pode efetivamente usufruir dos bens materiais necessários para a sustentação de sua existência física, dos bens simbólicos necessários para a sustentação de sua existência subjetiva e dos bens políticos necessários para a sustentação de sua existência social (AZEVEDO apud SILVA, 2001, p. 308).

Nessa perspectiva, a escola democrática tem como um de seus princípios resgatar a escola como espaço de formação humana, rompendo com a concepção neoliberal de escola para a instrução, ou seja, desconstruindo a ideia e o objetivo de formar o indivíduo apenas para o mercado.

Então, para se construir uma escola democrática, faz-se necessário repensar a prática educativa utilizada no espaço escolar. Uma gestão democrática se volta para o componente social e cultural, engendrado pelas inter-relações pessoais no interior da escola, que passa a ser concebida como uma organização viva e dinâmica para a qual se propõe um novo tipo de organização e gestão.

Na prática, os envolvidos no processo educacional devem se organizar democraticamente, sendo a autoridade distribuída entre todos, a fim de garantir a divisão de responsabilidades e possibilitar à escola atingir os seus objetivos. Daí a necessidade que essa administração crie, simultaneamente, mecanismos que favoreçam a expressão e a participação dos membros da comunidade na escola e que esteja atenta para compreender os interesses manifestados pela comunidade interna e externa.

Nessa perspectiva, educar significa criar condições para que os educandos se tornem capazes de buscar respostas para as suas indagações. Nesse sentido, educar é formar para a autonomia. E o que seria autonomia? Palavra oriunda do grego a qual ao decompô-la encontra-se autos (si mesmo) e nomos (lei). Sendo assim, autonomia significa governar por si mesmo. Dessa forma, a escola autônoma seria aquela que se autogoverna.

Paulo Freire (2002) concebe a autonomia como a capacidade de tomar decisões e assumir responsabilidades sobre elas.

Entende-se por autonomia a capacidade que se tem de organizar e estruturar, criando a própria identidade. Assim, pressupõe-se que um sujeito autônomo seja capaz de intervir na sua realidade de forma crítica e consciente.

A escola autônoma é aquela que é capaz de efetuar trocas com os outros sistemas que envolvem a escola. A autonomia da escola não é algo adquirido, e sim construído na inter-relação, favorecendo que a escola crie a sua própria identidade.

Uma escola autônoma é aquela que possui uma identidade própria, na qual os diversos autores interagem entre si, criam possibilidades de escolhas, alteram e criam novas perspectivas educativas. Essa escola é possuidora de uma autonomia política, curricular, pedagógica, científica e de avaliação.

De acordo com Gadotti (1995, p. 266), "a escola autônoma cultiva a curiosidade, a paixão pelo estudo, o gosto pela leitura e pela produção de textos, escritos ou não. Aprendizagem criativa e não mecânica".

Ao tornar-se autônoma, a escola estará mais próxima de cumprir a sua função social. De acordo com a LDBEN (Lei n.º 9.394/96), ela deve exercer um papel humanizador e socializador, além de desenvolver habilidades que possibilitem a construção do conhecimento e dos valores necessários à conquista da cidadania plena.

Para que a escola possa realizar a sua função social, é preciso levar em conta a vida cotidiana daquele que "aprende" e a daquele que "ensina", uma vez que cada um traz consigo elementos extrínsecos à realidade escolar, os quais devem ser relevantes dentro do espaço de criação e recriação das relações que se estabelecem no ambiente escolar. Esses elementos precisam constituir-se em referência permanente na ação educativa.

Sendo assim, faz-se necessário engajar toda a comunidade escolar no processo educativo, saindo daquele modelo de educação autocrática e hierarquizada, fundamentada em uma rede de ensino ou em um sistema educacional burocrático e fechado. Esse sistema dificulta a participação de seus representantes e das representações dos demais segmentos escolares e comunitários na gestão e na escolha de seus próprios dirigentes. Já o ambiente democrático externaliza a possibilidade concreta da convivência com a diversidade e o enriquecimento de ideias e ações dela oriundos. A esse respeito, vejamos esta interessante observação:

> A democracia nutre a diversidade dos interesses, assim como a diversidade de idéias. O respeito a diversidade significa que a democracia não pode ser identificada como ditadura da maioria sobre as minorias; deve comportar o direito das minorias e dos contestadores à existência e à expressão. [...] Necessita ao mesmo tempo de conflitos de idéias e de opiniões, que lhe conferem sua vitalidade e produtividade (MORIN, 2001, p. 108).

É dessa forma que se configura o caráter participativo da democracia; é tarefa impossível justificá-la e construí-la sem a ação efetiva de todos os seus envolvidos e sem a presença da diversidade, do conflito, do direito à expressão e do sentido de compromisso e responsabilidade. Essa participação nas tomadas de decisões e organização de ações que favoreçem o processo ensino aprendizagem se configura em atos políticos.

Não existe educação democrática sem que haja um processo de humanização, ou seja, o caráter problematizador que se dá por meio do diálogo, visto que o diálogo, na concepção de Freire (1983, p. 29), "se impõe como caminho pelo qual os homens ganham significação enquanto homens". Nessa perspectiva, todo ato pedagógico em Freire é um ato político, pois implica em tomadas de decisões, não existindo, assim, educação neutra.

> **A escola, espaço de relações sociais e humanas, é um campo propício para a discussão política**, pois, ser político nesse âmbito é conhecer profundamente essa instituição em todas as suas características. É compreender como são estabelecidas as relações de poder no seu interior e saber avaliar como isso repercute nos serviços que a unidade escolar oferece à comunidade (PADILHA, 2005, p. 22, grifo nosso).

Assim sendo, durante o processo de tomada de decisões, todos aqueles que têm compromisso com a democratização da educação escolar precisam trabalhar coletivamente, participando ativa e permanentemente dos processos decisórios da escola. O trabalho coletivo precisa envolver a comunidade escolar, a fim de que essa reflita e se posicione frente aos caminhos e descaminhos da escola.

A base desse trabalho está na participação consciente e na liberdade responsável. Só se garante a eficácia coletiva caso a participação for centrada na responsabilidade. Não se trata, contudo, de delegar poderes, mas de exercê-los em todos os níveis da ação escolar. Assim, para que haja participação, há que se ter consciência e responsabilidade e esse trabalho exigirá de todos presença, reflexão e crítica constantes.

2.2 A EDUCAÇÃO E A SOCIEDADE CIVIL

A educação estabelece uma relação dialética com a sociedade e a forma como ela se organiza e age. Sendo assim, a sociedade civil constitui-se em elemento que ao mesmo tempo interfere e é interferida na educação e na escola. Dessa forma, a escola estabelece uma relação direta com a sociedade civil, já que também a constitui e é por ela constituída, encontrando nela o sentido de sua existência e funcionamento. A escola, portanto, encontra-se intimamente ligada ao ser e agir da Sociedade Civil.

A expressão "Sociedade Civil" traz algumas particularidades interessantes. Na sua evolução, pode-se perceber que esse termo teve vários significados até chegar à concepção atual que representa uma certa inversão de sentido em relação ao primeiro.

Essa acepção assumiu historicamente um caráter oposicionista. Segundo Bobbio (2005), ainda na Grécia Antiga, Aristóteles exprimia a dicotomia sociedade civil-família. Apesar de Aristóteles já ter empregado esse termo, ao conceito recebido dos jusnaturalistas[8] que se reconheceu como sendo a acepção original de Sociedade Civil. Então, encontra-se neles, nos jusnaturalistas, a primeira conceituação teórica de Sociedade Civil.

Os jusnaturalistas tinham na dicotomia estado de natureza/estado civil a base de suas teorias, a Sociedade Civil significava estado civil. Esse estado civil era entendido então como sinônimo de estado politicamente organizado, em oposição à sociedade pré-estatal. Os jusnaturalistas, portanto, entendiam a Sociedade Civil como sinônimo de Sociedade Política ou Estado, em oposição ao estado da natureza.

O sentido atual de Sociedade Civil é entendido como algo oposto ao Estado. No mesmo estilo, o conceito de Sociedade Civil Organizada vem recebendo uma concepção oposicionista, como se pode observar na denominação das Organizações Não Governamentais (ONGs)[9], que trata das organizações da sociedade civil que atuam na esfera política. Esse termo refere-se ao que não é estatal, ou seja, "o anteato (ou contrafação) do Estado" (BOBBIO, 2005, p. 49).

Em princípio, pode-se afirmar que a Sociedade Civil Organizada se constitui de uma fração da sociedade civil, que se organiza para lutar por uma maior inserção política, consubstanciada por principalmente duas determinantes: a dificuldade ou mesmo impossibilidade do Estado e os mecanismos de mercado resolverem os grandes problemas que hoje afetam a humanidade e a situação de descrédito existente atualmente nos sistemas políticos representativos.

---

[8] Jusnaturalistas são os que, aceitando a legitimidade do Estado em impor leis, defendem a existência de leis preexistentes e naturalmente válidas e imutáveis, às quais deve submeter-se o sistema positivo. Os adeptos do jusnaturalismo sustentam a validade, a eficácia e a própria necessidade de o Estado exercer sua tarefa legislativa. Defendem as duas normas — a positiva e natural — com evidente subordinação daquela a esta. Conferem ampla liberdade para o Estado legislar nas matérias que lhe são próprias, desde que a ação legiferante respeite o Direito Natural e com ele não conflite. Até mesmo é recomendável, dizem os jusnaturalistas, que em certas matérias o Direito Positivo (aquele declarado por um comando positivo da autoridade) explicite o Direito Natural (aquele Direito preexistente a um sistema legislativo próprio da natureza do homem e do mundo) (BRODBECK, 2004).

[9] O termo organizações não governamentais passou a ser mais amplamente utilizado no Brasil a partir da Conferência Mundial das Organizações das Nações Unidas, conhecida como ECO-92, diferenciando-se das entidades comunitárias, filantrópicas e de autoajuda. A denominação ONG é originária do sistema ONU e foi incorporada pelo Banco Mundial para designar toda entidade que não pertença ao aparelho de Estado. (OLIVEIRA, 2001). Para Gohn (1997), as ONGs apresentam um aspecto em comum, o de se declararem uma sociedade sem fins lucrativos que possuem como objetivo lutar e/ou apoiar causas coletivas.

O termo também remete a filósofos europeus dos séculos 17 e 18, tais como Hobbes e Rousseau, que estabeleceram a visão contratual da cidadania, a Teoria do Contrato Social. Essa expressão diferencia, no entendimento deles, a sociedade regida pelas leis daquela condição supostamente primitiva em que indivíduos independentes eram guiados pelas paixões e necessidades.

Em BOBBIO, 2005):

> [...] o significado prevalente de sociedade civil como sociedade civilizada não exclui que esta sociedade seja também, em embrião, uma sociedade política diferente do estado de natureza [...] numa forma de sociedade política da qual o homem deve sair para instituir a república fundada sobre o contrato social, isto é sobre o acordo paritário de cada um com todos os demais, assim como, segundo a hipótese jusnaturalista que parte de uma inversão de juízo nos dois termos, o homem deve sair do estado de natureza (BOBBIO, 2005, p. 48).

Já em Maquiavel (in BOBBIO, 2005) e, principalmente após ele, esse conceito vai aos poucos se fragilizando e já se pode notar uma certa diferenciação do clássico conceito Estado-sociedade para a definição de um Estado-máquina.

> Quando Maquiavel fala do Estado, pretende falar do máximo poder que se exerce sobre os habitantes de um determinado território e do aparato de que alguns homens ou grupos se servem para adquiri-lo e conservá-lo. O Estado assim entendido não é o Estado-sociedade mas o Estado-máquina (MAQUIAVEL *in* BOBBIO, 2005, p. 50).

É com Hegel, enfim, que esse conceito vai ultrapassar a conotação estatal. Na sua obra *Princípios de Filosofia do Direito*, Hegel conceitua a Sociedade Civil como sinônimo de sociedade pré-política. Observa-se aí já uma inversão do conceito empregado anteriormente pelos jusnaturalistas. Em Hegel, a Sociedade Civil é situada num momento intermediário entre a família e o Estado. Revela-se como o momento em que a família, em função das necessidades que surgem, dissolve-se nas classes sociais. Dessa forma, para Hegel, a Sociedade Civil, separada do Estado, é chamada de "Estado externo" ou "Estado do Intelecto" (BOBBIO, 2005).

Para Marx, o conceito de Sociedade Civil confunde-se e sobrepõe-se com o de sociedade burguesa. Ele estende seu sentido para o plano das relações materiais e econômicas (BOBBIO, 2005).

No prefácio à *Contribuição à Crítica da Economia Política*, Marx afirma:

> [...] mas se baseiam [...] nas condições materiais de vida [...] sob o nome de "sociedade civil", e que a anatomia da sociedade civil precisa ser procurada na economia política. [...] A economia política é a análise teórica da moderna sociedade burguesa [...] (MARX, 1859, p. 301).

Sendo assim, em Marx, ocorre uma completa inversão do conceito de Sociedade Civil. Este agora abandona o significado de Estado em contraposição à sociedade pré-estatal, assumindo o sentido sociedade pré-estatal em oposição ao Estado. Para Marx ainda, a Sociedade Civil representa a estrutura, a base, "o teatro de toda história", sobre a qual se ergue uma superestrutura política e jurídica.

> Marx faz da sociedade civil o lugar das relações econômicas, ou melhor, das relações que constituem "a base real sobre a qual se eleva uma superestrutura jurídica e política", "sociedade civil" passa a significar o conjunto das relações interindividuais que estão fora ou antes do Estado, exaurindo deste modo a compreensão da esfera pré-estatal distinta e separada da esfera do Estado (BOBBIO, 2005, p. 38).

Dessa forma, a expressão sociedade civil foi historicamente utilizada com diversos significados. Entretanto, desde Marx até os dias atuais, houve muitas transformações, tanto na esfera social, quanto estatal, que não permitem mais uma perfeita utilização daquele conceito para a realidade atual. A estrutura mudou e não aceita mais a separação, mas, sim, a inter-relação com a superestrutura.

Senão, veja-se o que diz Bobbio sobre o assunto:

> [...] Sociedade civil é representada como o terreno dos conflitos econômicos, ideológicos, sociais e religiosos que o Estado tem a seu cargo resolver, intervindo como mediador ou suprimindo-os; como a base da qual partem as solicitações às quais o sistema político está chamado a responder; como o campo das várias formas de mobilização, de associação e de organização das forças sociais que impelem à conquista do poder político (BOBBIO, 1992, p. 1210).

Com isso, pode-se perceber que, apesar de historicamente o conceito de sociedade civil ser apontado em antagonismo ao conceito estatal, essa separação já não se apresenta tão claramente como no tempo dos escritos marxistas. "Sob este aspecto, sociedade e Estado atuam como dois momentos necessários separados, mas contíguos, distintos, mas interdependentes, do sistema social em sua complexidade e em sua articulação interna" (BOBBIO, 2005, p. 52).

Na segunda metade do século XX, um novo elemento passa a exercer enorme influência no andamento das causas políticas. Trata-se do poder econômico, que vem determinar uma nova relação de forças, representada pelo Estado-Mercado-Sociedade Civil. Com o fortalecimento da ideologia neoliberal, o Estado passa a perder espaço para o Mercado, com enfoque na descentralização estatal e na tendência por um Estado mais fraco nas questões sociais (CHAUÍ, 1999).

É nesse momento que vem a se destacar o papel da sociedade como participante efetiva na procura de alternativas frente à imensa gama de problemas que afetam a humanidade. Porém, não é apenas a insuficiência das ações estatais e de mercado para resolver as atuais necessidades humanas, que explicam a legitimidade da atuação da "sociedade civil organizada", mas também outro fator importante, expresso no descrédito no papel atual do legislativo.

Nesse novo contexto é que surge o conceito de "Sociedade Civil Organizada". Representa um momento de solidariedade humana e de preocupação com a condução política mundial, em que a sociedade passa a se organizar em grupos para defender seus interesses e buscar soluções para os grandes males do desenvolvimento capitalista perverso e ganancioso. Representa, também, toda espécie de organização social que lute por seus direitos, independentemente de fins altruísticos.

A Sociedade Civil encontra-se intimamente ligada ao Estado. Enquanto a Sociedade Civil abarca uma gama muito grande de características e manifestações culturais o Estado tem buscado, ao mesmo tempo, promover e organizar essas manifestações culturais.

Nesse sentido, o Estado cumpre um propósito da sociedade, porém a sociedade é mais ampla e mais complexa do que a força do Estado que tenta abrangê-la. A multiplicidade de eventos que a Sociedade Civil promove fora do poder e controle do Estado demonstram a existência de uma complexidade cultural muito maior do que o Estado apresenta nas manifestações incluídas nos calendários oficiais. Exemplo disso é que várias tradições e manifestações folclóricas ocorrem sem o seu patrocínio[10].

---

[10] São exemplos dessas manifestações as tradições populares tais como: Comemoração de Reis, Pastorinhas, as manifestações populares da festa de São João tais como: fogueiras, canjicas, pamonhas, licores etc. danças (samba de roda), dentre outras, manifestam independentemente das Secretarias de Cultura, sem o seu controle e sem muitas vezes constarem do calendário oficial do município, ou seja, à margem do Estado.

Dessa forma, na Sociedade Civil ocorrem movimentos que acontecem à margem das relações de poder da Sociedade Política, tornando visível prioridades que só dizem respeito à comunidade envolvida e que atendem a seus próprios critérios e valores (DIAS, 2006, p. 226).

Sendo assim, o conceito de sociedade civil encontra-se em contraposição ao Estado.

> Na contraposição Sociedade Civil-Estado, entende-se por sociedade civil a esfera das relações entre indivíduos, entre grupos, entre classes sociais, que se desenvolvem à margem das relações de poder que caracterizam as instituições estatais (BOBBIO 1995 *apud* DIAS, 2006, p. 226).

A sociedade civil, então, segundo Dias,

> [...] compreende todos aqueles espaços onde os membros de uma sociedade, na forma individual ou organizada tomam suas decisões de maneira autônoma, livre e voluntária atendendo a seus próprios critérios, valores, cultura e interesses, à margem dos limites e prioridades do Estado. Pode ser entendida também como um espaço de vida social organizada que é independente do Estado, com uma gestão autônoma desse mesmo Estado e que é limitado por uma ordem legal ou por um jogo de regras compartilhadas entre os indivíduos, entre os grupos e entre as classe sociais que se desenvolvem à margem das Instituições estatais. Os autores da sociedade civil necessitam do respaldo de uma ordem legal institucionalizada para desenvolverem sua liberdade de ação e autonomia. Vista sob esse ângulo a Sociedade Civil ao mesmo tempo que restringe o Poder do Estado também legitima a autoridade estatal quando esta se encontra nos marcos legais. A sobrevivência da sociedade civil quando o Estado é ilegal, não respeitando a autonomia individual e de grupo, ocorre se os elementos que a constituem atuarem de acordo com algum conjunto de regras compartilhadas (DIAS, 2006, p. 226).

Uma diferença crucial entre Sociedade Civil e Sociedade Política é que na sociedade política (Estado) os homens estabelecem relações baseadas no exercício coercitivo de poder. Nessa esfera, as contradições são resolvidas com decretos ou leis que os indivíduos, por meio da coerção pública, são obrigados a cumprir. Já na sociedade civil, as contradições tendem a ser solucionadas com base na utilização de mecanismos como a persuasão e a pressão. Assim, as relações não são baseadas na coerção, mas, sim, na hegemonia e no consenso.

Conforme Dias, a "Sociedade Civil é onde ocorrem os problemas econômicos, ideológicos, sociais e religiosos que o Estado tem a seu cargo resolver, intervindo como mediador ou eliminando-os" (DIAS, 2006, p. 227). Ainda, segundo ele, é "na Sociedade Civil que as forças sociais se organizam, associam-se e se mobilizam" (DIAS, 2006, p. 227).

Um dos elementos de grande importância nas organizações sociais são os Partidos Políticos, tidos por uns como integrantes da Sociedade Civil e por outros como fazendo parte da Sociedade Política. São os partidos políticos que agregam e articulam as demandas da Sociedade Civil que necessitam de decisão política.

Tem-se percebido que nos últimos anos os movimentos sociais têm obtido um grande crescimento. O movimento feminista, movimento gay, movimento ecológico, movimento negro, o movimento dos sem-teto, dos sem-terra e outros encontram-se inseridos nesse contexto. Esse crescimento também pode ser atribuído e entendido como resultado da ineficiência dos partidos políticos para resolver as demandas de vários grupos sociais junto ao Estado.

Os partidos políticos são considerados como integrantes do Estado, já que a sua principal função é articular as demandas da Sociedade Civil, canalizando-as para o Estado por meios de seus representantes, que estão no Congresso, Câmara de Vereadores ou Assembleias Estaduais (DIAS, 2006).

Como exemplo de instituições que pertencem à sociedade civil: os sindicatos, os grêmios estudantis a Ordem dos Advogados do Brasil – OAB (1930), a Associação Brasileira de Imprensa – ABI (1908), as associações profissionais, grupos comunitários, grupos de interesses, as instituições religiosas, as instituições econômicas (empresas, bancos etc.). Acrescentam-se ainda os movimentos sociais e as organizações não governamentais.

Já como exemplo de instituições que pertencem ao Estado (Sociedade Política) temos: as Câmaras Municipais, as Prefeituras, as Assembleias Legislativas, os Partidos Políticos, as forças armadas, as polícias, as autarquias em todos os níveis (municipal, estadual ou federal), empresas públicas etc.

A Sociedade Civil possui uma importante função democrática ao promover o controle do Estado pela sociedade. Essa função pode ser dividida em duas partes dependendo do tipo de Estado. Nos Estados democráticos, a Sociedade Civil busca acompanhar e limitar o Poder do Estado, já nos Estados autoritários, busca a sua democratização.

Portanto, considera-se aqui que a Sociedade Civil é a base das relações econômicas, culturais, sociais e ideológicas, de onde emanam os conflitos que demandam soluções políticas e, ao mesmo tempo, de onde emanam alternativas para a solução de conflitos surgidos na órbita política. É parte de um todo, voltado ao bem-estar comum.

Da mesma forma, a Sociedade Civil organizada é a parcela da Sociedade Civil que se constitui e se organiza atuando como força política na procura de soluções para os conflitos sociais. É a estrutura moldando-se em superestrutura[11] para defender interesses da maioria ou mesmo de minorias, atuando em conjunto com o Estado e as forças de mercado, na "busca maior", que é a de uma melhor simbiose com a Sociedade Civil.

Vive-se tempos de globalização, coexistindo com uma realidade social e histórica permeadas, ao mesmo tempo, por problemas e esperanças. Objetiva-se a construção de uma sociedade democrática e justa, na qual as ações das pessoas possam ser frutos do envolvimento e participação de todos.

Frente aos desafios da sociedade contemporânea, a escola não pode permanecer alheia ao contexto histórico em que está inserida. Nessa perspectiva, são de suma importância as relações estabelecidas entre a escola e a sociedade, colocando-se em evidência para o bom funcionamento e transformação da escola a organização e atuação da sociedade civil.

Nesse sentido, pode-se destacar como evidência da interferência e atuação da Sociedade Civil junto à Escola a constituição e funcionamento dos Conselhos Escolares. Esses órgãos, embora constituídos sob o patrocínio do Poder Público (Estado) e constituídos por membros e representantes da Sociedade Civil, (estudantes, pais, professores, funcionários, representes da comunidade local etc.), bem como por representantes do poder público (diretor escolar), possuem autonomia em relação ao Estado.

Os Conselhos Escolares são, portanto, órgãos híbridos, de caráter misto, que possuem características da Sociedade Civil, bem como da Sociedade Política, já que estão constituídos por representantes e elementos das duas, as quais representam e são representados.

Entende-se que a educação é um processo histórico e cultural em que todos os seus partícipes são agentes ativos em constante formação e transformação. Assim, a escola não é, e não pode ser, o único lugar onde podemos aprender, apesar da sociedade atribuir a ela a grande responsa-

---

[11] Na teoria marxista, representa o nível da sociedade "formado por elementos jurídico-político (Estado, direito, etc.) e ideológicos (ideias e costumes sociais)" (HARNECKER; URIBE, 1979, p. 43).

bilidade pela transmissão dos saberes sistematizados. No entanto, ela é o lugar privilegiado para o encontro com o saber sistematizado.

Sendo assim, a escola precisa constituir-se, de fato, uma instituição instauradora de condições para o domínio pelos estudantes, dos conhecimentos/habilidades necessários ao exercício responsável e autônomo da cidadania.

A LDBEN (Lei n.º 9.394/96) atribui à escola uma ênfase que não havia sido, ainda, dada por nenhuma outra lei no Brasil. Os artigos 11 a 15, especialmente, indicam as incumbências inerentes aos municípios, aos estabelecimentos de ensino e aos seus professores. A primeira das incumbências para as escolas é elaborar e executar sua proposta pedagógica.

Essa exigência da lei está, por sua vez, fortemente vinculada ao princípio constitucional da gestão democrática que se evidencia na atual LDBEN (Lei n.º 9.394/96) de forma bastante explícita, quando, no Art. 15, expressa:

> Os sistemas de ensino assegurarão às unidades escolares públicas de educação básica, que os integram, progressivos graus de autonomia pedagógica e administrativa e de gestão financeira, observadas as normas gerais de direito financeiro público (BRASIL, 1996, p. 16).

Assim, a LDBEN (Lei n.º 9.394/96) representa um extraordinário progresso, já que, pela primeira vez na história da educação no Brasil, autonomia escolar e proposta pedagógica aparecem vinculadas em um texto legal.

A exigência de elaboração da proposta pedagógica aparece nos dois artigos que tratam diretamente das incumbências das escolas e dos professores (Art. 12 e 13) e apresenta-se claramente vinculada, no Art. 14, à gestão democrática. Isso mostra o papel de relevância que a proposta assume como um dos mecanismos de sua concretização. Esse artigo indica como princípios da gestão democrática, "a participação dos profissionais da educação na elaboração do projeto pedagógico da escola e a participação das comunidades escolares em conselhos escolares ou equivalentes" (BRASIL, 1996, art. 14).

Sendo assim, dois elementos são intrínsecos à elaboração de uma proposta que contemple os princípios de uma gestão democrática: ser construída de forma coletiva e ter a participação efetiva de todos os que compõem a comunidade escolar, ou seja, professores, estudantes, funcionários, pais e outros membros da comunidade que circunda a escola, representados no conselho escolar.

Pode-se dizer que a proposta pedagógica se configura como a escola em movimento, na qual o seu dia a dia é discutido coletivamente, buscando possíveis soluções para os problemas enfrentados, definindo de forma participativa as responsabilidades pessoais e coletivas a serem assumidas para a consecução dos objetivos estabelecidos. Portanto, a comunidade escolar assume compromissos para a realização dos projetos, programas e propostas, sentindo-se, então, parte integrante da instituição.

Entretanto, para que esse conselho escolar possa configurar-se como elemento de participação da comunidade escolar e local, faz-se necessário que os conselheiros tornem-se efetivamente representantes dessa sociedade.

É importante que no âmbito da instituição se efetive a democratização do poder. Essa democratização é entendida por nós como a possibilidade de interação dos diferentes autores da ação educativa no processo de construção da autonomia pedagógica, administrativa e financeira da escola.

Essa autonomia é entendida por Gadotti (2002, p. 4) como "um processo sempre inacabado, um horizonte em direção do qual podemos caminhar sempre sem nunca alcançá-lo definitivamente". Compreende-se, então, a autonomia da escola como um processo que é construído mediante a prática coletiva, na qual haja a participação da comunidade na condução dos processos escolares.

Acredita-se que o conselho escolar representa um significativo espaço de poder e de interação da comunidade escolar, que possibilita a construção da autonomia na gestão da escola, fortalecendo-a para o desenvolvimento do projeto de Educação Integral, de modo a criar condições para que os sujeitos envolvidos no processo educativo se tornem autônomos e capazes de exercer a sua cidadania plena.

2.3 A GESTÃO DEMOCRÁTICA NA ESCOLA DE EDUCAÇÃO INTEGRAL EM TEMPO INTEGRAL

A gestão democrática da educação se dá por meio da descentralização do poder e essa só pode acontecer mediante o fortalecimento dos Conselhos Escolares e, consequentemente, da participação efetiva de todos os atores sociais no processo de gestão.

É o conselho escolar, órgão colegiado, que possibilita a participação de todos os envolvidos com a ação de educar (pais, profissionais da educação e comunidade), a fim de participarem das decisões relativas à organização e ao funcionamento da escola.

É na ação colegiada que a gestão pode compartilhar com seus pares as responsabilidades das decisões, o que implica corresponsabilizar os diversos atores sociais que compõem a instituição escolar, pela execução e avaliação dos projetos e programas.

No âmbito da gestão dos programas e projetos, os conselhos podem interferir quanto a adesão, acompanhamento e desenvolvimento das atividades relativas ao Programa Mais Educação e da Escola de Educação Integral em Tempo Integral, visto que as diretrizes do programa preveem a participação da comunidade na escolha e definição das atividades de tempo integral que serão desenvolvidas na escola.

As escolas de Educação Integral em Tempo Integral são instituições democráticas que ampliam seus tempos e espaços de aprendizagem. Elas promovem espaços coletivos de diálogos com comunidade de seu entorno: igrejas, quadras esportivas, clubes, teatros, parques, praças, museus, cinemas, academias, universidades, centros de estudos, organizações não governamentais e movimentos sociais. Enfim, é uma escola articulada com o seu entorno na busca de uma educação integral, integrada e integradora.

Os movimentos sociais e as organizações não governamentais exercem um papel importante no cenário da sociedade. Eles possuem características de lutas e reivindicações por uma sociedade mais justa, igualitária e democrática e, no cenário educacional, podem contribuir para o desenvolvimento de políticas públicas que promovam a construção de múltiplos espaços de aprendizagem. Nesse sentido,

> [...] os movimentos sociais e as Ongs [...] podem chegar onde o Estado dificilmente chega. As Ongs são essenciais para o funcionamento da democracia. Se elas não existissem criariam um grande vácuo na sociedade, haveria um grande prejuízo para as populações mais pobres, pois muitos serviços públicos essenciais não seriam prestados.
>
> [...]
>
> A sociedade do conhecimento é uma sociedade de múltiplas oportunidades de aprendizagem. As consequências para a escola, para o professor e para a educação em geral são enormes. A educação ao longo de toda a vida implica ensinar a pensar, saber comunicar-se, saber pesquisar, ter raciocínio

> lógico, fazer sínteses e elaborações teóricas, saber organizar o seu próprio trabalho, ter disciplina para o trabalho, ser independente e autônomo, saber articular o conhecimento com a prática, ser aprendiz autônomo e a distância enfim, adquirir os instrumentos necessários para continuar aprendendo sempre (GADOTTI, 2009, p. 31).

Diante do exposto, a escola de educação integral em tempo integral tem por missão desenvolver em seus estudantes tanto a dimensão qualitativa — formação integral do ser humano — quanto à dimensão quantitativa — mais tempo na escola e em seu entorno. É uma escola que tem como missão contribuir para o desenvolvimento integral de suas crianças e jovens.

No entanto, para cumprir essa missão, fez-se necessário incorporar em seu currículo a dimensão do desenvolvimento humano em seus aspectos físico-motor, afetivo-emocional e social, além de conhecimentos artísticos, filosóficos, esportivos, culturais, tecnológicos e promover o bom desempenho em Matemática, Português e Ciências, estabelecendo relações entre os conhecimentos sistematizados, o mundo e a vida.

Para cumprir tal propósito, a gestão escolar precisa criar meios para promover a interlocução entre a escola e o seu entorno, de modo a possibilitar a integração entre o bairro e a cidade.

> É preciso pensar nos espaços, no entorno da escola e, com eles, articular uma oferta mais ampla, em termos de tempo, e integração em relação a outros setores, tanto do poder público quanto das universidades e setores da sociedade civil (SILVA, 2009 *apud* GADOTTI, 2009, p. 35).

Pensar a escola nessa perspectiva requer uma reorganização dos espaços, do tempo e da sua proposta pedagógica, o que implica em um Projeto Político Pedagógico articulado com os saberes e fazeres da comunidade. É preciso que estudantes, professores, pais e comunidade em geral participem ativamente da construção do projeto pedagógico da escola e que esse seja o orientador da prática pedagógica.

Nessa perspectiva, busca-se a organização de um currículo integrado, que vislumbra as questões locais e incentive a pesquisa articulada com os conteúdos do currículo formal, de modo a subsidiar a construção do conhecimento articulado com o mundo e a vida em comunidade.

É importante salientar que essa escola, além de proporcionar a mobilização e articulação dos diferentes segmentos que compõem o cenário educativo, precisa converter-se em um espaço de desenvolvimento comunitário, caracterizado pela descentralização do poder e da gestão.

> O tempo integral, para ser efetivo, deve ser opção voluntária da escola ou de um conjunto de escolas. Não pode ser imposto. As escolas precisam ter condições para implantar essa inovação educacional. Precisam participar, desde o início, da discussão dessa nova política educacional e acompanhar o seu desenvolvimento. A implantação do tempo integral nas escolas exige preparo técnico-político e formação, tanto dos pais quanto dos alunos, dos professores e demais funcionários da escola (GADOTTI, 2009, p. 36).

Esse movimento é que conferirá à instituição educativa uma autonomia política e pedagógica, de modo a propiciar a comunidade oportunidades para interferir nos rumos da Educação que quer para seus filhos e para a sua cidade.

A integração escola-comunidade é a base de constituição da cidade como território educativo. Pensar a cidade nessa ótica é vê-la como um espaço continuo de construção de conhecimentos, é pensar seus espaços, as suas dinâmicas e seus movimentos como objetos de aprendizagem. Nesse processo, a escola exercerá um papel de sistematizadora do conhecimento necessário à sua comunidade, visando ao desenvolvimento social, intelectual, político, econômico e cultural dos estudantes.

A escola de educação integral em tempo integral visa, por meio da descentralização da gestão, à constituição de um sistema de aprendizagem com foco na conquista da autonomia dos estudantes, para que esses sejam capazes de produzir novos conhecimentos e a partir desses transformar a sua vida e da comunidade que faz parte, tornando-se protagonistas de seus saberes.

Vale salientar que todas as escolas precisam ofertar uma educação integral, visto que esta visa ao desenvolvimento das diversas aprendizagens, o que constitui finalidade primordial da educação que é apreender o mundo em suas diversas dimensões. Entretanto, não basta apenas ampliar o tempo de permanência dos estudantes na escola, é preciso ampliar o tempo, os espaços e as aprendizagens.

> [...] considerar a questão das variáveis tempo, com referência à ampliação da jornada escolar, e espaço, com referência aos territórios em que cada escola está situada. Trata-se de tempos e espaços escolares reconhecidos, graças à vivência de novas oportunidades de aprendizagem, para a reapropriação

de espaços de sociabilidade e de diálogo com a comunidade local, regional e global (MOLL, 2009, p. 18).

Pensar a escola de educação integral em tempo integral é vislumbrar uma escola voltada para a sustentabilidade, em que os espaços de aprendizagem propiciam o desenvolvimento integral do ser humano, sob uma perspectiva holística.

Dessa forma, só faz sentido pensar a ampliação do tempo e da jornada escolar, se esta atender aos princípios da escola de educação integral em tempo integral, visto que não basta apenas ampliar a jornada escolar, é preciso ofertar novas oportunidades e situações de aprendizagens emancipadora.

A democratização das relações no espaço escolar é condição *sine qua non* para a aprendizagem emancipadora, uma vez que a gestão compartilhada pressupõe a distribuição do poder, o partilhar de responsabilidades, de modo a promover o exercício da autonomia. Na prática, a aprendizagem emancipadora eclode a partir de um rol de atividades diversificadas que, integradas ao currículo e trabalhadas numa perspectiva político-filosófica, propicia a formação integral do sujeito que a apreende.

Com isso, pode-se dizer que a relação na escola de educação integral em tempo integral necessita ser permeada pelo diálogo, pela alteridade, de forma que a organização do espaço escolar seja comum a todos. Para tal, é preciso que a luta por essa escola ocorra nas diversas esferas da sociedade, principalmente nas próprias instituições escolares, por meio do fortalecimento e mobilização dos conselhos escolares.

Será que os conselhos escolares estão fortalecidos a ponto de promover e articular o debate em torno da comunidade escolar, quanto à fomentação de políticas públicas que garantam a continuidade e o enraizamento de ações efetivas para o desenvolvimento da escola de educação integral em tempo integral?

CAPÍTULO 3

O CONSELHO ESCOLAR E A POLÍTICA PÚBLICA DE EDUCAÇÃO INTEGRAL

Este capítulo busca compreender como os conselhos escolares podem contribuir para o desenvolvimento da política pública de educação integral em escolas de tempo integral. E, com tal propósito, inicia-se o diálogo a nível conceitual de políticas públicas educacional, a partir da reflexão sobre o Plano Nacional de Educação, mas especificamente da meta que trata da Educação Integral.

Prosseguindo, faz-se uma análise sobre o Programa Mais Educação, enquanto política pública indutora da educação integral em escolas de tempo integral, e como os conselhos escolares se apresentam no cenário das políticas públicas educacionais.

No movimento do texto, busca-se compreender a proposta de educação integral no atual cenário educacional brasileiro. Traça-se uma breve discussão de como acontece os processos cognitivos e como ocorrem as intervenções didáticas no âmbito da educação integral, ao tempo em que busca compreender como os conselhos escolares podem contribuir para que a garantia do direito à aprendizagem seja contemplada e como se dá a participação da comunidade escolar no processo de estruturação e organização curricular da educação integral em escolas de tempo integral.

3.1 AS POLÍTICAS PÚBLICAS NO CONTEXTO EDUCACIONAL

No contexto da sociedade contemporânea e no cenário atual das discussões pedagógicas a nível local e global, o termo "integral" está presente nos debates pedagógicos proferidos no Brasil e no mundo. Busca-se a implantação de políticas públicas que possam intervir no ambiente escolar com vistas ao desenvolvimento de uma educação voltada para as dimensões — intelectual, emocional, social, cultural, física e cognitiva, objetivando uma formação humanística.

A expressão política pública etimologicamente é originária da palavra grega *politikó*, que exprime a condição de participação da pessoa livre nas decisões e destinos da cidade, a pólis. A palavra pública é originaria do latim *publicus* que significa do povo. Do ponto de vista etimológico, política pública é a participação do povo nas decisões da cidade, do território, que pode ser de forma direta ou indireta (por representação), sendo o Estado um agente fundamental no desenvolvimento destas políticas.

Roth Deubel (2006), ao definir Política Pública, estabelece que uma política pública designa a existência de:

> [...] un conjunto conformado por uno o varios objetivos colectivos considerados necesarios o deseables y por medios y acciones, que son tratados, por lo menos parcialmente, por una institución u organización gubernamental con la finalidad de orientar el comportamiento de actores individuales o colectivo para modificar una situación percibida como insatisfactoria o problemática (ROTH, 2002, p. 24 *apud* ROTH, 2006, p. 21).

Nesse sentido, política pública está relacionada às intenções que determinam as ações ou não ações de um determinado governo; está intimamente ligada às decisões de elaborar ou não elaborar programas e metas para atender as demandas de um ou mais grupos sociais.

Azevedo (2003, p. 38) afirma que política pública é: "tudo o que um governo faz e deixa de fazer, com todos os impactos de suas ações e de suas omissões". Com isso, percebe-se que a sociedade civil não é a responsável direta pela instituição e implementação de políticas públicas, entretanto, ela é o elemento articulador e provocador das políticas públicas.

Cabe ao governo a formulação e a instituição de políticas públicas e ao povo, sociedade civil, a ação de "fazer política", esse fazer se dá mediante a conflitos de caráter social, pessoal ou subjetivo.

É por meio das reivindicações coletivas que os grupos sociais projetam e organizam suas demandas de ordem econômica, étnica, cultural, religiosa, educacional, de gênero, dentre outras.

As políticas públicas se constituem como uma ação do Estado com vistas a garantir que toda a sociedade tenha acesso aos seus direitos educacionais, sociais, econômicas e culturais. Dessa forma, as políticas públicas são criadas como respostas do Estado às demandas da sociedade, podendo ser na área da educação, saúde, moradia, trabalho etc.

No campo das Políticas Públicas Educacionais, vejamos o que diz Azevedo:

> Se "políticas públicas" é tudo aquilo que um governo faz ou deixa de fazer, políticas públicas educacionais é tudo aquilo que um governo faz ou deixa de fazer em educação. Porém, educação é um conceito muito amplo para se tratar das políticas educacionais. Isso quer dizer que políticas educacionais é um foco mais específico do tratamento da educação, que em geral se aplica às questões escolares. Em outras palavras, pode-se dizer que políticas públicas educacionais dizem respeito à educação escolar (OLIVEIRA, 2010, p. 80).

No que se refere às políticas públicas educacionais escolares, governos e sociedade utilizam-se dos processos e ações de descentralização e democratização da gestão escolar, por meio de mecanismos que possibilitem a participação da comunidade escolar no processo de gestão e avaliação da educação, tais como: eleição de dirigente escolar, a implantação e o fortalecimento dos conselhos escolares.

A participação da sociedade civil na gestão educacional tem como um dos principais propósitos a promoção de políticas sociais e educacionais que visem à constituição de uma sociedade mais justa e democrática.

De acordo com Lasswell (1993 *apud* ROTH, 2006), os propósitos das Ciências Políticas devem *"ser claramente normativa u 'orientada por valores'. em particular, para Lasswell, la disciplina debe ser orientada por los valores democráticos u el respecto a lignidadead humana"* (ROTH, 2006, p. 24, grifos nossos).

A descentralização da ação do Estado mediante à democratização da gestão escolar tem priorizado e valorizado os poderes locais e comunitários, à medida que esses, por meio dos Conselhos Escolares, desenvolvem ações que busquem modificar o quadro de exclusão social e o fortalecimento da democratização da educação.

Com isso, permitiu-se que projetos educativos criados no interior da sociedade civil fossem levados ao Estado, em suas diversas instancias federais, estaduais e municipais. A exemplo das ações e reivindicações da sociedade civil, pode-se citar a Lei n.º 13.005, de 25 de junho de 2014, que aprova o Plano Nacional da Educação – PNE (2014-2024). Neste trabalho, dar-se-á ênfase à "Meta 6 – Oferecer educação em tempo integral em, no mínimo, 50% (cinquenta por cento) das escolas públicas, de forma a atender, pelo menos, 25% (vinte e cinco por cento) dos (as) alunos (as) da educação básica" (BRASIL, 2014).

Entretanto, é importante salientar que, apesar dos diversos mecanismos de gestão democrática, a sociedade civil ainda encontra algumas dificuldades que muitas vezes inviabilizam a efetiva participação social nos processos de gestão escolar, o que muitas vezes dificulta a implantação e a efetivação da educação integral em escola de tempo integral, como: a falta de recursos, de conhecimento técnico e de vontade política do Estado.

3.2 O PLANO NACIONAL DA EDUCAÇÃO, OS CONSELHOS ESCOLARES E A EDUCAÇÃO INTEGRAL

O Plano Nacional da Educação – PNE (2014-2024) constitui-se um dos instrumentos da gestão democrática que foi instituído pela Lei n.º 13.005, de 25 de junho de 2014, e teve como base para a sua concepção a Constituição Federal (1988) em seu Art. 214 e a LDBEN (Lei n.º 9394/96). O PNE (2014-2024) tem validade de 10 (dez) anos e contém o planejamento do Estado democrático de direito e toda orientação para a execução e aperfeiçoamento das políticas públicas.

O PNE (2014-2024) é fruto das mais diversas participações populares, pois foi construído a partir de debates com os diferentes atores sociais e poder público para a definição de metas e objetivos que devem permear os diferentes níveis de ensino. Sua estrutura consta de três momentos: diagnóstico da situação, diretrizes a serem seguidas, assim como os objetivos e metas a serem atingidas durante o período a que o plano se destina.

O referido plano deve passar por monitoramento e avaliação periódica durante a sua vigência a ser realizada pelas seguintes instâncias: – – Ministério da Educação; I– – Comissões de Educação da Câmara dos Deputados e Comissão de Educação, Cultura e Esporte do Senado Federal; II– – Conselho Nacional de Educação; I– – Fórum Nacional de Educação.

A partir das metas e diretrizes apresentadas no PNE (2014-2024), os estados e municípios se incumbiram de construir seus planos que terão vigência também de dez anos e devem ser adequados à realidade local, porém sem perder de vista o arcabouço do PNE (2014-2024).

São várias as diretrizes contidas no PNE (2014-2024), neste trabalho, ater-nos-emos as seguintes:

> Art. 2º [...]
>
> II- – superação das desigualdades educacionais, com ênfase na promoção da cidadania e na erradicação de todas as formas de discriminação;
>
> I- – melhoria da qualidade da educação;
>
> – – formação para o trabalho e para a cidadania, com ênfase nos valores morais e éticos em que se fundamenta a sociedade;
>
> V- – promoção do princípio da gestão democrática da educação pública;
>
> VI- – promoção humanística, científica, cultural e tecnológica do país;
>
> [...]
>
> – – promoção dos princípios do respeito aos direitos humanos, à diversidade e à sustentabilidade socioambiental (BRASIL, 2014, p. 43).

Entende-se que essas diretrizes são as que dão sustentação para o desenvolvimento da "Meta 6" que é alvo de investigação deste trabalho, visto que a Educação Integral perpassa pelas diretrizes ora apresentadas.

Não resta dúvida de que a qualidade e a permanência dos estudantes na escola têm sido alvo de muitas investigações no âmbito da política pública educacional. No entanto, o que se espera nessa trajetória é a construção de caminhos que de fato venham a garantir uma educação de qualidade, que seduza e conquiste os estudantes, que lhes permita adentrarem nos diversos rumos da cultura, esporte, Direitos Humanos e que contribuía para a sua formação cidadã.

Para que a instituição Escola Pública possa realmente cumprir a sua função social e garantir os direitos à educação das populações menos favorecidas, faz-se necessário pensar essa instituição. A esse respeito, Libâneo (2008) afirma:

> Primeiramente, é necessário admitir que há, de fato uma inter-relação entre as políticas educacionais, a organização

> e a gestão das escolas, as práticas pedagógicas na sala de aula e o comportamento das pessoas. As políticas educacionais e diretrizes organizacionais e curriculares são portadores de intencionalidades, idéias, valores atitudes, práticas, que influenciam as escolas e seus profissionais na configuração das práticas formativas determinando um tipo de sujeito a ser educado (LIBÂNEO, 2008, p. 14).

Sendo assim, é importante refletir sobre os valores e as intencionalidades políticas presentes nas políticas públicas educacionais, sobre a eficácia dos planos e programas implementados, pois de nada adianta propor planos e programas se não houver um controle social dos recursos destinados à aplicação de suas metas e objetivos.

Esse controle social deve ser realizado por meio dos Conselhos Gestores[12], no âmbito das Unidades Escolares, entretanto, para que esse órgão colegiado, representado pelos diversos segmentos da comunidade escolar, de fato cumpra seu papel de agente fiscalizador das políticas públicas educacionais, requer, além de vontade política, conhecimento técnico e um planejamento que pense o desenvolvimento qualitativo da educação, visando à aprendizagem dos educandos.

No que se refere aos Conselhos Escolares, a sua base de sustentação legal encontra-se na LDBEN (Lei n.º 9.394/96), que indica um dos princípios para assegurar a gestão democrática da educação. Dentre as suas atribuições, pode-se destacar a seguinte:

> [...] tem como atribuição deliberar sobre questões político-pedagógicas, administrativas, financeiras, no âmbito da escola. Cabe aos Conselhos Escolares, também analisar as ações a empreender e os meios a utilizar para o cumprimento das finalidades da escola (BRASIL, 2004, p. 32).

Como pode-se ver, os conselhos possuem atribuições complexas e amplas que requerem o comprometimento e a responsabilização por parte dos atores sociais que o compõem e que necessitam ter um envolvimento direto com a gestão da escola.

A participação do conselho na gestão da escola pressupõe a existência de conflitos, de troca de experiências e reflexões coletivas sobre as políticas públicas educacionais propostas para a instituição escolar.

---

[12] "[...] tratam-se de canais de participação que articulam representantes da população e membros do poder público estatal em práticas que dizem respeito à gestão de bens públicos. Eles constituem, no início deste novo milênio, a principal novidade em termos de políticas públicas" (GOHN, 2007, p. 7).

Dentre as políticas educacionais brasileiras, destaca-se aqui a que diz respeito à implantação e à implementação da Educação Integral em Escola em Tempo Integral proposta pelo governo federal, a partir do Programa Mais Educação tido como uma estratégia para a implantação dessa modalidade de educação na busca da melhoria da qualidade do ensino.

A criação do Programa Mais Educação – PME (Portaria Interministerial n.º 17/2007), enquanto um programa educacional de vital importância para a construção de uma escola eficaz e um ensino de qualidade, tem como meta uma política pública de descentralização que transfere recursos financeiros direto para as escolas, pois a ideia é que as escolas por meio dos conselhos escolares possam administrar melhor o dinheiro que é destinado às escolas públicas por meio do Programa Dinheiro Direto na Escola – PDDE[13] (1995).

Com a descentralização dos recursos e as reformas na forma de gestão, a escola passa a ser o foco das ações e programas, possibilitando a sua autonomia financeira e pedagógica.

A política educacional do Programa Mais Educação tem procurado corroborar com a ampliação do tempo e da permanência dos estudantes na educação básica, suas ações e diretrizes buscam modificar a rotina da escola com a permanência dos estudantes na escola por um período não inferior a 7 (sete) horas diárias, iniciativa que modifica a rotina das escolas brasileiras, visto que essas costumam ofertar 4 (quatro) horas diárias ou menos.

A esse respeito Darcy Ribeiro (1994 *apud* MOLL, 2012), salienta que:

> A Escola de dia completo, vale dizer, a que atende seus alunos das 7 ou 8 da manhã até às 4 ou 5 da tarde, não é nenhuma invenção do Brizola nem minha, nos CIEPs. Esse é o horário das escolas de todo o mundo civilizado. Todas essas horas de estudo são absolutamente indispensáveis para fazer com que o menino francês aprenda a ler e escrever em francês, ou o japonês em japonês. Oferecer a metade dessa atenção, e às vezes menos ainda, a uma criança mais carente que a daqueles países, porque fundada na pobreza e porque recentemente

---

[13] "Implantado em 1995, ainda sob a designação de Programa de Manutenção e Desenvolvimento do Ensino Fundamental (PMDE) e sob a responsabilidade do Fundo Nacional de Desenvolvimento da Educação (FNDE), o PDDE constitui-se em um dos mais importantes programas de financiamento do ensino fundamental com características de descentralização. Sua abrangência compreende escolas públicas do ensino fundamental, das redes estadual e municipal e as escolas de educação especial mantidas por organizações não-governamentais sem fins lucrativos" (PERONI, 2007, p. 49).

> urbanizada, é condená-la a fracassar na escola e depois na vida (DARCY RIBEIRO, 1994 *apud* MOLL, 2012, p. 131).

Portanto, pensar a educação integral em escola de tempo integral requer políticas públicas que tenham em vista os padrões, a qualidade e a dignidade humana. E para tal, é importante que as escolas sejam equipadas com recursos materiais e humanos. É preciso investir em equipamentos que permitam a ampliação dos tempos e espaços educativos, a exemplo do investimento em infraestrutura, material didático, entre outros equipamentos que garantam o funcionamento da escola. E essas conquistas não acontecem sem a mobilização e a interação dos sujeitos da própria escola, sua comunidade representada nos conselhos escolares.

Enquanto política pública, o Programa Mais Educação constitui-se no resultado das lutas e reivindicações da sociedade civil e dos movimentos sociais que impulsionaram o Estado brasileiro para o direcionamento de ações, no sentido da ampliação dos tempos de aprendizagem dos estudantes, mediante a implantação da escola em tempo integral.

De acordo com Jaqueline Moll (2012), o Programa Mais Educação estabelece os seguintes objetivos educacionais:

> I - Formular política nacional de educação básica em tempo integral;
>
> II - Promover diálogo entre os conteúdos escolares e os saberes locais;
>
> III - Favorecer a convivência entre professores, alunos e suas comunidades;
>
> V - Disseminar as experiências das escolas que desenvolvem atividades de educação integral;
>
> V - Convergir políticas e programas de saúde, cultura, esporte, direitos humanos, educação ambiental, divulgação científica, enfrentamento da violência contra crianças e adolescentes, integração entre escola e comunidade, para o desenvolvimento do projeto político-pedagógico de educação integral (MOLL, 2012, p. 135).

Diante dos objetivos expressos pelo Programa Mais Educação para a promoção da ampliação dos tempos e espaços no interior da escola, é imprescindível pensar na complexa tarefa de gestar essa escola, no que se refere aos aspectos pedagógicos e administrativos.

A permanência dos estudantes na unidade escolar em tempo integral e com atividades diferenciadas exigem do gestor uma organização, planejamento e, acima de tudo, uma gestão participativa, para que as tomadas de decisão possibilitem uma melhor organização do trabalho pedagógico, administrativo e financeiro.

Para que o trabalho seja efetivado, é de fundamental importância que o planejamento das ações seja realizado de forma participativa, integrando e articulando com a comunidade escolar e local, de modo que as atividades possam dialogar e entrecruzar-se com o projeto político pedagógico da escola.

Nesse sentido, Titton e Pacheco (2012, p. 152) salientam que

> O papel fundamental dos gestores, diante dos conflitos que emergem dessas questões, é o de promover o debate através de ampla participação, para a construção de um entendimento de educação enquanto compromisso coletivo.

O reflexo das mudanças ocorridas no cenário da educação brasileira, com vistas ao novo paradigma de educação integral, associados ao fortalecimento e a autonomia da escola, com vistas à proposição de uma maior participação da comunidade escolar nos processos de gestão e avaliação e tomada de decisões, são fatores que implicam na atuação do dirigente escolar.

O Programa Mais Educação exige do diretor escolar uma gestão compartilhada, que pode ser vista nas atribuições que lhe são designadas por meio o documento norteador: "O Programa Mais Educação: passo a passo", este documento, em seu item 06, afirma:

> O diretor da escola, por meio de sua atuação com o Conselho Escolar, tem o papel de incentivar a participação, o compartilhamento de decisões e de informações com professores, funcionários, estudantes e suas famílias. Nesse sentido, o trabalho do diretor também tece as relações interpessoais, promovendo a participação de todos os segmentos da escola nos processos de tomada de decisão, de previsão de estratégias para mediar conflitos e solucionar problemas. Cabe ao diretor promover o debate da Educação Integral nas reuniões pedagógicas, de planejamento, de estudo, nos conselhos de classe, nos espaços do Conselho Escolar. [...]. Cabe também ao diretor garantir a tomada coletiva das decisões acerca das escolhas pressupostos pelo Programa Mais Educação e garantir a transparência (exposições, prestação de contas dos recursos recebidos (BRASIL, 2011, p. 16).

Percebe-se que as ações e diretrizes do Programa exigem o desenvolvimento de uma cultura escolar que promova o diálogo, o trabalho coletivo, com vistas à constituição de redes de saberes essenciais para a construção do novo paradigma contemporâneo de educação integral.

Nesse contexto, busca-se a construção e a criação de estratégias que venham assegurar às crianças e aos adolescentes o acesso aos diversos saberes que permeiam a sociedade contemporânea, permitindo-lhes o conhecimento e o domínio de diferentes linguagens, a leitura crítica do mundo em que vivem, além de promover nesses estudantes o desenvolvimento da comunicação como instrumento de participação democrática.

A educação integral nessa perspectiva se traduz como uma política pública que transcende os muros da escola, que reconhece a diversidade como um patrimônio imaterial de uma determinada sociedade, sua proposta pedagógica contempla os diferentes aspectos da vida em sociedade, com ênfase no respeito aos Direitos Humanos, ao meio ambiente, à saúde, ao esporte, à inclusão digital e cultural.

O tempo educativo na proposta da educação integral é mesclado por atividades diferenciadas, que contribuem para a formação integral dos estudantes, de modo a superar a fragmentação do ensino e o desenvolvimento de um currículo escolar "instrucionista" e "conteudista". A pratica educativa nessa perspectiva é vista como uma atividade humanística.

A proposta de Educação Integral apresentada pelo Ministério da Educação requer dos Sistemas e Redes de Ensino uma reorganização dos espaços, saberes e tempos pedagógicos, de modo a construir uma dinâmica de diálogos coletivos que propicie a comunicação entre os estudantes, professores, gestores, profissionais da educação, sociedade civil e todos os atores que compõem o entorno da escola.

A política pública de educação integral impressa no Programa Mais Educação, por constituir-se uma das metas do PNE (2014-2024), tem como propósito o desenvolvimento do desempenho escolar dos estudantes nos diversos campos do saber.

3.3 OS PROCESSOS COGNITIVOS E AS INTERVENÇÕES DIDÁTICAS NA EDUCAÇÃO INTEGRAL

No cenário atual da educação brasileira, a educação integral tem encontrado um arcabouço farto, no que tange à legislação e a normatizações, além de termos avanços significativos, no que se refere a leis que regulamentam a educação integral. O direito das crianças, adolescentes e jovens a uma educação humanística lhes é garantido nos estritos da lei.

Apesar dos avanços no que se refere à legislação, na pratica, ocorre um distanciamento entre o que é garantido por lei e a efetiva realização de ações por parte dos entes federados, no que se refere à garantia da educação integral em escolas de tempo integral. Percebe-se um descaso no cumprimento dos direitos expressos nas diversas legislações que tratam da temática.

Os caminhos trilhados pela educação integral perpassam por uma educação que promova a formação humana e que pense os sujeitos em todas as suas dimensões (afetiva, cognitiva, ética, estética, social), é pensar o ser humano em sua completude, vendo-o como um ser multidimensional. A esse respeito, Guará (2006) afirma que

> A concepção de educação integral que a associa à formação integral traz o sujeito para o centro das indagações e preocupações da educação. Agrega-se a ideia filosófica de homem integral, realçando a necessidade de homem integrado de suas faculdades cognitivas, afetivas, corporais e espirituais, resgatando como tarefa prioritária da educação, a formação do homem, compreendido em sua totalidade. Na perspectiva de compreensão do homem como ser multidimensional, a educação deve responder a uma multiplicidade de exigências do próprio indivíduo e do contexto em que vive. Assim, a educação integral deve ter objetivos que construam relações na direção do aperfeiçoamento humano (GUARÁ, 2006, p. 16).

Entretanto, um dos grandes desafios contemporâneos diz respeito à aprendizagem. Os projetos e propostas de educação integral visam à integração dos conteúdos curriculares com os saberes da comunidade e do território, dizem respeito à promoção de uma educação que vá além dos muros da escola, que envolva os diversos atores sociais no processo de formação dos estudantes.

O envolvimento dos diversos atores sociais no processo educativo se dá mediante a efetiva participação dos conselhos escolares no processo de gestão educacional. Ao efetivar essa participação, inicia-se um processo de ruptura com os esquemas centralizadores, viabilizando a criação de um sistema em que a coletividade participa das ações e da gestão da escola.

> O que se precisa, na verdade, quando se visa ao aparelhamento da escola pública para a busca efetiva de objetivos

> educativos comprometidos com os interesses das camadas trabalhadoras, é buscar a integração das práticas políticas com as atividades administrativas, procurando tirar proveito do caráter político e administrativo das práticas que se dão no cotidiano da escola. [...]
>
> Estou falando de providências que dizem respeito à instalação de uma estrutura político-administrativa adequada à participação nas tomadas de decisões [...] eivada de mecanismos institucionais que viabilizem e incentivem: processos eletivos para a escolha dos dirigentes escolares; conselhos de escola formados pelos vários segmentos da unidade escolar (pais, alunos, professores, funcionários), e com efetiva função política de direção da escola; grêmio estudantil, associação de pais, professores e funcionários, bem como outros recursos institucionais que facilitem o permanente acesso de todos os interesses aos assuntos que dizem respeito à vida da escola [...] (PARO, 2016, p. 97 -98).

Percebe-se que os conselhos escolares constituem-se o órgão colegiado responsável pela aproximação da escola com o seu entorno e com a sua comunidade, de modo a propiciar a interlocução da escola com diversos espaços e atores sociais que compõem aquele território, de modo a possibilitar que a escola se torne um espaço vivo que propicie situações de aprendizagens a partir da participação social.

3.3.1 O Conselho Escolar e o direito à aprendizagem

A Educação como direito básico do cidadão traz à tona uma reflexão que necessita ser realizada pelos gestores educacionais e sociedade civil. Para tal, é imprescindível a criação de mecanismos de democratização e participação popular que pensem e formulem medidas que garantam e acompanhem a qualidade da educação ofertada pela instituição de ensino. Esse acompanhamento certamente se dá mediante à atuação dos Conselhos Escolares.

Os princípios norteadores que darão sustentação para o acompanhamento da educação são: o Projeto Político Pedagógico, as Diretrizes Curriculares e a Proposta Pedagógica da Unidade Escolar.

A democratização da escola e da educação como direito perpassa pelo acesso, pela permanência e pela aprendizagem dos estudantes. Nesse sentido, não basta apenas a Rede de Ensino e as escolas aderirem a programas e projetos de Educação Integral em Escola de Tempo Integral, é preciso ofertar condições para que esses estudantes permaneçam na escola, garantindo o tempo pedagógico.

Sendo assim, é fundamental que juntamente com a proposta da Escola de Tempo Integral seja implantada uma política social e educativa que garanta a permanência dos estudantes na escola, traduzindo-a em espaços de aprendizagem significativa.

Nesse caso, a permanência nos espaços de aprendizagem implica na (re)orientação e/ou (re)formulação do projeto político pedagógico e da proposta pedagógica da escola, de modo a contemplar os tempos e espaços educativos da escola de tempo integral.

É de suma importância redefinir o tempo curricular, de modo a tecer os fios da aprendizagem mediante processos interativos em que os saberes científicos, populares e culturais se entrecruzem, propiciando a aprendizagem dos estudantes.

É nesse caminhar que a educação, como direito, exige que a escola trace novas relações sociais com os diferentes espaços educativos que compõem o seu entorno. Assim, assumir a educação como direito pressupõe mudanças no pensar e fazer do ensino e da educação. Para o alcance desse objetivo, é imprescindível que o processo de reformulação curricular e reorientação pedagógica tenha um caráter coletivo que envolva as comunidades interna e externa da escola e adote como princípios norteadores a universalidade e a equidade.

Na verdade, a educação enquanto direito inicia-se pelo acesso e precisa ir muito além da permanência do estudante nos espaços escolares. É necessário a garantia do acesso ao conhecimento, ao desenvolvimento humano, social e psicossocial mediante as aprendizagens.

Para que a escola de tempo integral cumpra seu papel de articular os saberes e promover o desenvolvimento humano, é imprescindível que pense e organize sua proposta pedagógica, de modo a articulá-la com a realidade em que se encontram as crianças, adolescentes e jovens. É importante que os sujeitos da aprendizagem possam vislumbrar na instituição escola novas perspectivas e um sentido real para as aprendizagens que lhes são propostas.

Diante de tal conjuntura, surge-nos a seguinte indagação: como promover atividades que contemplem esses sujeitos em sua plenitude e que elevem a sua autoestima, provocando nesses o desejo de participar ativamente das atividades propostas pela escola?

Entende-se que a democratização da gestão, mediante o fortalecimento dos conselhos escolares, pode traduzir-se como um dos possíveis caminhos para possibilitar a participação e o envolvimento da comunidade escolar e local no movimento de construção e reconstrução da proposta curricular sob a perspectiva da pessoa humana e que tenha como princípio a educação emancipadora.

> Só faz sentido pensar [...] na implantação de escolas, em tempo integral, se considerarmos uma concepção de educação integral com a perspectiva de que o horário expandido represente uma ampliação de oportunidades e situação que promovam aprendizagens significativas e emancipadoras (GOLVEIA 2006, p. 77).

A concepção de educação como prática emancipadora implica na concretização dos objetivos da escola em tempo integral, aproximando ainda mais a comunidade da escola e oportunizando aos estudantes atividades que visam à melhoria da sua formação enquanto cidadãos.

A proposta pedagógica presente no Programa Mais Educação apresenta um leque de possibilidades e desafios para a escola, além de ampliar os tempos e o espaço educativo para a escola. Ela objetiva diminuir a desigualdade educacional dos estudantes que apresentam elevados indicadores de situação de risco, vulnerabilidade social, como também os que apresentam defasagem série/idade, entre outras necessidades de aprendizagem.

O mote da Educação Integral se forma a partir do comprometimento da comunidade escolar e do Estado, com a formação integral de crianças, jovens e adultos. Para tal, faz-se necessário ampliar nosso olhar para a educação. E, para que isso venha de fato a acontecer, é preciso expandir nosso modo de ver a educação, especialmente no que se refere à forma de como a organizamos dentro do paradigma da complexidade.

Nessa perspectiva, a compreensão do que é conhecimento, como produzimos o conhecimento e como nos organizamos para o processo de ensino e de aprendizagem tornam-se uma tarefa imprescindível. Veja o que diz Morin (2000) quanto à complexidade:

> Complexus significa o que foi tecido junto; de fato, há complexidade quando elementos diferentes são inseparáveis constitutivos do todo (como o econômico, o político, o sociológico, o psicológico, o afetivo, o mitológico), e há um tecido interdependente, interativo e inter-retroativo entre o objeto

> de conhecimento e seu contexto, as partes e o todo, o todo e as partes, as partes entre si. Por isso, a complexidade é a união entre a unidade e a multiplicidade (MORIN, 2000, p. 34).

Vivemos num paradigma da complexidade, em que as circunstancias de ser e estar no mundo nos tornam sujeitos aprendentes do mundo e no mundo, pois é esse movimento dialético que nos constitui como sujeitos participantes do mundo. O nosso cotidiano e o dia a dia da vida escolar estão repletos de fenômenos, que são indissociáveis do nosso ser e agir em sociedade. Estamos envoltos na ordem e desordem dos fatos e acontecimentos.

A educação deve priorizar o desenvolvimento integral dos sujeitos a partir da articulação entre as políticas sociais para a inclusão das crianças, adolescentes, jovens e suas famílias no processo educativo e educador.

Para compreendermos esse complexo processo de construção do conhecimento, é de suma importância buscarmos respaldo nas contribuições da psicologia educacional, no que tange às questões inerentes ao cognitivo.

Toda pessoa desenvolve ao longo de sua existência uma série de recursos que lhe permitem apreender o mundo a partir de diferentes formas. Esse movimento de apreender e interpretar as coisas do mundo é conhecido como cognição, ou seja, conhecimento.

O processo da construção do conhecimento é movido pelo desejo, pela curiosidade de compreender o mundo que nos cerca, o que acontece num movimento próprio e, ao mesmo tempo, coletivo de produção e solução dos problemas que a vida nos apresenta.

Nesse sentido, as práticas educativas não podem estar dissociadas da vida, a escola precisa pensar a sua proposta pedagógica, de modo a contemplar as dimensões afetiva, cognitiva, social e cultural dos estudantes. Não dissociando a emoção e razão, corpo e mente, a natureza e a cultura, pensar a educação nesses moldes é pensá-la na sua integralidade.

O desenvolvimento da cognição está associado ao processo de humanização, visto que a centralidade das construções relacionais se estabelece por meio da linguagem. É a linguagem que compreende as formas gestuais do viver o humano.

Em Vygotsky (1991), a linguagem exerce um papel de construtora e de propulsora do pensamento. Para ele, o aprendizado precisa ser organizado e é dele que resulta o desenvolvimento mental. É a aprendizagem que colocará em movimento vários processos de desenvolvimento que, de outra forma, seriam impossíveis de acontecer. A linguagem é o motor do pensamento.

Essa forma de explicar a linguagem contrariou a concepção desenvolvimentista que considerava o desenvolvimento a base para a aquisição da linguagem. Para Vygotsky (1991, p. 102), "a aprendizagem não depende do desenvolvimento do indivíduo, pois este acontece de forma mais lenta porque sempre ocorre após ou durante o processo de aprendizagem".

Nota-se que a aquisição da linguagem constitui-se fator primordial para o desenvolvimento da cognição.

> A linguagem é o instrumento e o suporte indispensável aos progressos do pensamento. Entre pensamento e linguagem existe uma relação de reciprocidade: a linguagem exprime o pensamento, ao mesmo tempo que age como estruturadora do mesmo. Conferindo grande importância ao binômio pensamento-linguagem, Wallon elegeu, como objeto privilegiado de estudo sobre a inteligência, o pensamento discursivo (verbal) (GALVÃO, 2002, p. 77).

Nesse sentido, Morin (2000) adverte que a educação precisa mostrar que não há conhecimento que não esteja ameaçado pelo erro e pela ilusão, porque o "conhecimento não é um espelho das coisas ou do mundo externo" (MORIN, 2000, p. 20). As percepções são traduções e reconstruções cerebrais captadas e decodificadas por nossos sentidos e fruto de uma tradução e reconstrução por meio da linguagem e do pensamento.

Sendo assim, a educação integral deve estar voltada à fusão dos conhecimentos da vida cotidiana com os conteúdos escolares, tendo como base uma abordagem inter e transdisciplinar. Não pode de modo algum ser vista de forma fragmentada. Os educadores que atuam em escolas de educação integral precisam ter uma visão multidimensional do ser humano, contemplando as diversas linguagens e formas de expressão como a dança, o teatro e esportes, entre outras.

Diante do exposto, vê-se que o ideário e a proposta pedagógica de uma educação integral em escolas de tempo integral precisam apresentar uma base de sustentação teórica e epistemológica na perspectiva construtivista sociointeracionista, que tenha como finalidade o desenvolvimento do sujeito integral contemplado em todas as suas dimensões humanas.

Para o desenvolvimento da proposta pedagógica de educação integral, é preciso utilizar-se de perspectivas teórico epistemológicas inter-relacionadas, sustentadas nas teorias da aprendizagem de Jean Piaget (1954). Segundo esse pensador, o conhecimento é construído pelo sujeito por meio da maturidade biológica, das experiências vivenciadas com o objeto do conhecimento. Já de acordo com o interacionismo de Vygotsky (1991), o conhecimento é construído mediante a interação sociocultural, propiciada pela linguagem, tendo em vista o elemento estruturador do pensamento humano. Finalmente, na teoria do desenvolvimento humano de Henri Wallon (1973), a importância da afetividade e da psicomotricidade é peça-chave no processo educativo, enfatizando o contexto sociocultural dos sujeitos que aprendem.

Observa-se que o construtivismo piagetiano privilegia as dimensões do desenvolvimento humano biológico e psicológico, o sociointeracionismo vygotskyano e walloniano privilegia as características do desenvolvimento psicológico e sociocultural do sujeito. A junção dessas teorias dará a sustentação para o projeto de educação que busca a formação integral do sujeito.

Desse modo, defende-se que qualquer projeto pedagógico de Educação Integral em escolas de Tempo Integral deverá, necessariamente, voltar-se para o desenvolvimento do sujeito em sua integralidade, haja vista que o ser humano possui um corpo, uma mente e está inserido em um contexto sociocultural e político, sendo portando fundamental que a base teórica desses projetos educativos contemple todos os aspectos da vida humana, visto que não se pode fragmentar o sujeito que se educa.

3.3.2 A organização curricular da Educação Integral em escolas de Tempo Integral

Os processos educativos acontecem e se desenvolvem em múltiplos espaços, na família, na comunidade, nas instituições de ensino, nos movimentos sociais e culturais. Contudo, para que a educação de um determinado sujeito venha a acontecer, é imprescindível o envolvimento de diversos agentes, contextos e atores sociais.

Nesse sentido, a nossa Carta Magna (1988), em seus artigos 205 e 206, afirma:

> Art. 205. A educação, direito de todos e dever do Estado e da família, será promovida e incentivada com a colaboração da sociedade, visando ao pleno desenvolvimento da pessoa, seu preparo para o exercício da cidadania e sua qualificação para o trabalho.

> Art. 206. O ensino será ministrado com base nos seguintes princípios:
>
> I – igualdade de condições para o acesso e permanência na escola;
>
> II - liberdade de aprender, ensinar, pesquisar e divulgar o pensamento, a arte e o saber;
>
> III - pluralismo de idéias e de concepções pedagógicas, e coexistência de instituições públicas e privadas de ensino;
>
> [...]
>
> VI - gestão democrática do ensino público, na forma da lei;
>
> VII - garantia de padrão de qualidade (BRASIL, 1988, s/p).

Percebe-se que a Constituição Federal (1988) deixa claro quem são os envolvidos no processo educativo e que a educação deve promover o pleno desenvolvimento da pessoa humana.

Diante dessa exigência legal, o grande desafio consiste em pensar estratégias políticas, epistemológicas e pedagógicas para a consolidação de uma educação que esteja comprometida com a formação humana e com uma sociedade mais justa e democrática.

A concepção de educação integral que ora se apresenta no cenário brasileiro e vem se delineando por meio dos documentos norteadores do Programa Mais Educação vai além da ampliação da jornada escolar e do enriquecimento das atividades culturais na escola. Constitui-se no reconhecimento e na responsabilização coletiva da sociedade, da família, do poder público e da gestão escolar pela educação das crianças, jovens e adolescentes.

Vejamos o que ressalta o texto referência que o MEC apresenta para o debate da educação integral no Brasil,

> A educação integral constitui ação estratégica para garantir proteção e desenvolvimento integral às crianças e aos adolescentes que vivem na contemporaneidade marcada por intensas transformações: no acesso e na produção de conhecimentos, nas relações sociais entre diferentes gerações e culturas, nas formas de comunicação, na maior exposição aos efeitos das mudanças em nível local, regional e internacional (BRASIL, 2009, p. 18).

Diante do exposto, vê-se que, para atender a tal propósito, a gestão da educação precisa ser compartilhada entre as instâncias do poder público e da sociedade. Desse modo, as diferentes esferas sociais se articularão, propiciando uma rede colaborativa e participativa em que os diversos saberes e fazeres possam entrecruzar-se na proposta pedagógica e curricular da educação integral.

Nesse sentido, a ampliação da jornada escolar para as instituições de educação integral em escolas de tempo integral deve levar em consideração o tempo contínuo em que o estudante permanece na escola.

Desse modo, a proposta pedagógica da educação integral em escolas de tempo integral precisa propiciar o diálogo entre o poder público governamental e as diferentes esferas da sociedade civil, com vistas a promover o encontro entre as diferentes ações educativas presentes no território.

Para tanto, propõe-se que o desenvolvimento da ação pedagógica ocorra a partir de um currículo integrado, que possibilite atividades e ações pedagógicas específicas, porém não isoladas, nem estanques.

A ampliação da jornada escolar na perspectiva de um currículo único, superando a lógica do turno e contraturno ou turno oposto, a concepção do tempo único visa ao desenvolvimento do sentimento de pertencimento, o fortalecimento de vínculos e a articulação dos diversos saberes em direção à formação integral do sujeito, considerando suas múltiplas dimensões. A esse respeito, veja o que diz a LDBEN (Lei n.º 9.394/96),

> Art. 3º O ensino será ministrado com base nos seguintes princípios:
>
> igualdade de condições para o acesso e permanência na escola;
>
> II - liberdade de aprender, ensinar, pesquisar e divulgar a cultura, o pensamento, a arte e o saber;
>
> III - pluralismo de ideias e de concepções pedagógicas;
>
> IV - respeito à liberdade e apreço à tolerância;
>
> V - coexistência de instituições públicas e privadas de ensino;
>
> VI - gratuidade do ensino público em estabelecimentos oficiais;

VII - valorização do profissional da educação escolar;

VIII - gestão democrática do ensino público, na forma desta Lei e da legislação dos sistemas de ensino;

IX - garantia de padrão de qualidade;

X - valorização da experiência extraescolar;

XI - vinculação entre a educação escolar, o trabalho e as práticas sociais.

XII - consideração com a diversidade étnico-racial (BRASIL, 1996, p. 9).

E para atender às exigências expressa na lei, é de suma importância que a organização curricular das instituições de educação integral em tempo integral levem em consideração os seguintes aspectos:

a. a responsabilidade coletiva do poder público governamental, da família e da comunidade com a educação integral em tempo integral;
b. a ampliação da permanência do estudante na escola, oferecendo possibilidades de aprendizagem, com currículo diversificado;
c. a oferta aos estudantes de atividades diversificadas como: códigos e linguagens, educação ambiental, esporte e lazer, cultura e artes, cultura digital, promoção à saúde, comunicação e uso das mídias, investigação no campo das ciências da natureza, dentre outras, de acordo com as especificidades da comunidade e território em que a instituição de ensino está inserida;
d. as atividades de educação integral precisam acontecer na perspectiva de constituição de um tempo *continuum.*
e. O reconhecimento da escola como um espaço de socialização onde o estudante possa vivenciar experiências de organização e construção coletivas dos diferentes saberes;
f. o desenvolvimento de atividades de aprendizagem articuladas com o projeto pedagógico da unidade escolar com o objetivo de atender, todos os estudantes, primando pelo respeito a diversidade e especificidades de cada um;
g. o desenvolvimento de projetos educativos que visem à construção da identidade dos estudantes como cidadãos conscientes;

h. as atividades deverão contribuir para a formação e o protagonismo de crianças, adolescentes e jovens;
i. a realização de atividades educacionais dentro e/ou fora da unidade escolar, a fim de possibilitar a articulação entre os saberes e a cultura comunitária;
j. o desenvolvimento de atividades práticas e dinâmicas, que envolvam a pesquisa, a experimentação, o movimento, o trabalho coletivo dos estudantes e a valorização de suas produções;
k. a ressignificação dos tempos e espaços escolares e comunitários e a valorização das especificidades culturais e sociais da comunidade escolar;
l. a promoção da articulação com outras instâncias educativas da sociedade como: universidades, centros culturais, clube escola, teatro, cinema, bibliotecas, museus e demais instituições com programas educativos, culturais, esportivos e tecnológicos;
m. as atividades desenvolvidas devem considerar o ser integral, contemplando as dimensões: afetivas, ética, estética, social, cultural, política e cognitiva;
n. a garantia de uma oferta mínima de três refeições diárias, incluindo o almoço;
o. a participação ativa dos conselhos escolares nos processos decisórios da escola.

De acordo com a LDBEN (n.º 9.344/96), em seus artigos 34 e 87 § 5º, os sistemas de ensino deverão ampliar a jornada escolar dos estudantes de 4 (quatro) horas, para no mínimo 7 (sete) horas diárias, vejamos:

> Art. 34. A jornada escolar no ensino fundamental incluirá pelo menos quatro horas de trabalho efetivo em sala de aula, sendo progressivamente ampliado o período de permanência na escola.
>
> [...]
>
> § 2º O ensino fundamental será ministrado progressivamente em tempo integral, a critério dos sistemas de ensino.
>
> Art. 87. [...]

> § 5º Serão conjugados todos os esforços objetivando a progressão das redes escolares públicas urbanas de ensino fundamental para o regime de escolas de tempo integral (BRASIL, 1996, p. 24).

Essa ampliação gradual e progressivamente da jornada escolar traduz-se hoje no que se configura como escolas de educação integral em tempo integral. Entretanto, não basta apenas ampliar o tempo de permanência na escola, é imprescindível que essa ampliação seja fundamentada por princípios que garantam o direito de aprender, o acesso aos conhecimentos, oportunidades intertranscultural, a partir da formação de redes de aprendizagens, manifestados na sua organização curricular.

No que se refere ao currículo da escola em tempo integral, vejamos o que diz Gadotti:

> [...] o currículo deve proporcionar a integração de todos os conhecimentos aí desenvolvidos, de forma interdisciplinar, transdisciplinar, intercultural, intertranscultural e transversal, baseando a aprendizagem nas vivências dos alunos. [...]
>
> Além do conhecimento simbólico - linguístico, matemático – e do conhecimento sensível, da arte, da dança, da música, que nos ajuda a melhor conviver, a melhor sentir, existe o conhecimento técnico-tecnológico, que deve nos ajudar a melhor fazer, a sermos mais curiosos e criativos.
>
> Não se trata, portanto, de ocupar o tempo de uma jornada ampliada com atividades não escolares. Trata-se de estender, no tempo e no espaço, da sala de aula, articulando o saber científico com o saber técnico, artístico, filosófico, cultural etc (GADOTTI, 2009, p. 98-99).

Percebe-se que a proposta de currículo integrado pressupõe a integração dos saberes populares com os saberes socialmente legitimados, em que os diversos conhecimentos traduzem-se como parte integrante do aprendizado.

Assim sendo, o currículo estará integrado com a vida dos estudantes, valorizando as suas vivências e as experiências da comunidade da qual faz parte, quebrando com a tradicional hierarquização dos saberes, pois como bem afirma Paulo Freire (1987, p. 68): "Não há saber mais, nem saber menos, há saberes diferentes".

CAPÍTULO 4

AS NARRATIVAS DA EDUCAÇÃO INTEGRAL EM ESCOLAS DE TEMPO INTEGRAL UMA REALIDADE EM ALAGOINHAS-BAHIA

Neste capítulo, apresenta-se a descrição da pesquisa com seus objetivos e metodologia utilizada para a elucidação dos dados.

Em seguida, faz-se uma descrição dos aspectos geográficos, econômicos, sociais e educacionais do município de Alagoinhas, trazendo os dados relativos às iniciativas e às ações realizadas pelo município, no que tange à Política Pública de Educação Integral. Além disso, apresentam-se os sujeitos da pesquisa e seu campo empírico.

Por fim, faz-se uma análise dos dados, apresentando como o conselho escolar se inseriu durante o processo de adesão ao Programa Mais Educação e qual o seu principal papel no desenvolvimento da Política Pública de Educação Integral.

4.1 DESCRIÇÃO DA PESQUISA

Esta pesquisa visa a analisar como os conselhos escolares podem promover a articulação da escola com a sua comunidade, de modo a contribuir para a implantação da educação integral em escolas de tempo integral, enquanto política pública municipal de Alagoinhas-Bahia.

Tomou-se como ponto de partida os teóricos que discutem e tratam de questões relativas à gestão democrática, aos conselhos escolares, às políticas públicas e à educação integral. A partir da análise e reflexão sobre o arcabouço teórico, deu-se início a pesquisa no período de agosto de 2016 a julho de 2017, em que analisou-se o processo de implantação e desenvolvimento do Programa Mais Educação na Rede Municipal de Alagoinhas, que compreende o período de 2009 a 2017. Assim, foi possível reunir dados de oito anos de experiência no município, que serão apresentados neste tópico.

Após várias observações do cotidiano escolar, reuniões pedagógicas com os membros do conselho escolar e da comunidade escolar e local das escolas participantes da pesquisa, buscou-se analisar como o conselho escolar e a comunidade participavam do processo de escolha e acompanhamento das atividades desenvolvidas no programa mais educação.

As entrevistas foram norteadas e orientadas no sentido de entender-se quais as concepções dos entrevistados, em relação às atividades desempenhadas pelos conselheiros escolares, gestores, professores, educadores/monitores sobre a educação integral. Assim, analisou-se o relacionamento desses profissionais com a comunidade escolar e com os processos decisórios da escola, no que se refere à implantação do Programa Mais Educação e da viabilização da educação de tempo integral.

Para tanto, elaborou-se um roteiro de entrevista, no qual incluiu-se questões relativas à adesão ao programa, à participação do conselho escolar e da comunidade escolar nesse processo de adesão e como esse pode contribuir para a efetivação da Educação em Tempo Integral em escola de Tempo Integral.

As questões das entrevistas se orientaram na perspectiva de conhecer mais profundamente os Conselhos Escolares, como esses desenvolvem suas atividades na instituição, em relação à participação nos processos decisórios com referência à sua atuação, autonomia e fortalecimento.

É importante informar que durante o período da pesquisa, principalmente nas conversas informais, os membros da comunidade sempre foram gentis e amáveis ao tempo em que permaneceram abertos para prestar quaisquer informações. Todavia, ao serem entrevistados, principalmente ao iniciar as gravações, observou-se um certo grau de retraimento deles. Alguns até chegavam a responder sucintamente, evitando, nesses momentos, maiores comentários.

Vale salientar que a pesquisa é um processo sério e enriquecedor, dessa forma, agiu-se com o mais absoluto sigilo acerca da identidade dos entrevistados e, com a devida cautela acadêmica, foram analisados os dados coletados, preservando, assim, o espaço para o exercício fundamental e necessário da ética na pesquisa.

Sendo assim, orientou-se a entrevista em torno de questões sobre como se deu a participação dos conselhos escolares para a adesão e instituição da educação integral na escola, quais as atividades que eles desenvolvem na instituição, como as decisões são tomadas no espaço escolar e qual a atuação do conselho escolar no desenvolvimento da proposta pedagógica da educação integral.

Após essa fase exploratória inicial e delineamento metodológico, optou-se pelos referenciais da etnografia com estudo de caso de base qualitativa, que permitiu uma reflexão sobre o grupo estudado em sua totalidade, observando os aspectos internos e externos da realidade estudada dentro de um contexto cultural amplo, tendo em vista que a situação investigada encontra-se bem delimitada no tempo e no espaço. Com a presente investigação, buscou-se conhecer os "como" e os "porquês" do processo democrático para a implantação da educação integral. Ludke (1995, p. 51-52) elucida sobre essa questão, quando afirma que

> [...] o estudo de caso etnográfico deve ser usado: (1) quando se está interessado numa instância particular [...]; (2) quando se deseja conhecer profundamente essa instância particular em sua complexidade e em sua totalidade; (3) quando se estiver mais interessado naquilo que está ocorrendo e no como está ocorrendo do que nos seus resultados; (4) quando se busca descobrir novas hipóteses teóricas, novas relações, novos conceitos sobre um determinado fenômeno e (5) quando se quer retratar o dinamismo de uma situação numa forma muito próxima do seu acontecer natural.

O estudo de caso caracteriza-se como uma investigação empírica que pesquisa fatos e fenômenos contemporâneos em seu contexto real. A pesquisa ao destacar duas unidades escolares, enfocando com precisão o território interno das instituições investigadas, define um caso de estudo. Esse caso apresenta-se delineado no conselho escolar das escolas municipais José Abelha Flores e Visconde do Rio Branco.

No que se refere aos referenciais metodológicos da etnografia, constitui-se na delimitação do objeto de estudo, uma pessoa, um programa, uma instituição ou um grupo social. O caso constitui-se na investigação de um interesse particular, uma situação. Consubstancia-se, nessa situação específica, no interesse do pesquisador ao selecionar um fato, nesse caso a adesão ao Programa Mais Educação e o desenvolvimento da política pública de educação integral no município.

Da etnografia, utiliza-se a observação direta sobre os fatos estudados, por meio da observação participante. Durante todo o processo da pesquisa, pesquisador e sujeitos da pesquisa mantêm contato direto, com o intuito de reconstituir os significados das relações que constroem a dinâmica escolar diária. André (1995, p. 31) estabelece os critérios para a junção do estudo de caso etnográfico,

> Para que seja reconhecido como um estudo de caso etnográfico é preciso, antes de tudo, que preencha os requisitos da etnografia e, adicionalmente, que seja um sistema bem delimitado, isto é, uma unidade com limites bem definidos, tal como uma pessoa, um programa, uma instituição ou um grupo social. O caso pode ser escolhido porque é uma instância de classe ou porque é por si mesmo interessante. De qualquer maneira o estudo de caso enfatiza o conhecimento do particular. O interesse do pesquisador ao selecionar uma determinada unidade é compreendê-la como uma unidade. Isso não impede, entretanto, que ele esteja atento ao seu contexto e às suas inter-relações como um todo orgânico, e à sua dinâmica como um processo, uma unidade em ação (ANDRÉ, 1995, p. 31).

A premissa da investigação partiu da indagação sobre como os conselhos escolares podem reivindicar junto ao governo municipal políticas públicas que garantam a efetiva realização das atividades de educação integral em escolas de tempo integral. O estudo de caso como metodologia servirá para averiguar a atuação dos conselhos escolares no processo de mobilização da comunidade escolar e local, frente ao desenvolvimento do Programa Mais Educação, nos moldes do que é orientado por meio dos documentos legais do Programa.

Assim, as entrevistas foram organizadas a partir das concepções dos entrevistados, em relação às atividades desenvolvidas no processo de implantação do Programa Mais Educação, tomando por base a participação dos Conselhos Escolares na decisão de aderir ou/não as atividades de tempo integral.

Adotou-se como instrumentos de coleta de dados a observação participante, entrevistas semiestruturadas, conversas informais, análise documental e aplicação de questionários.

4.2 PARA SITUAR A PESQUISA: DESCRIÇÃO DO MUNICÍPIO DE ALAGOINHAS

O município de Alagoinhas está localizado no estado da Bahia e situa-se no Território de Identidade[14] do Litoral Norte e Agreste Baiano

---

[14] Territórios de Identidade é uma Regionalização Espacial adotada pelo governo da Bahia baseada nas características socioeconômicas, políticas, culturais e geoambientais, resultantes do agrupamento de municípios e associados ao sentimento de pertencimento da população.

(território n.º 18), constituindo-se em centro desse território que compreende os seguintes municípios: Alagoinhas, Acajutiba, Aporá, Araçás, Aramari, Cardeal da Silva, Catu, Conde, Crisópolis, Entre Rios, Esplanada, Inhambupe, Itanagra, Itapicuru, Jandaíra, Olindina, Ouriçangas, Pedrão, Rio Real e Sátiro Dias.

Alagoinhas está aproximadamente 124 km da capital baiana (Salvador), limitando-se com os seguintes municípios: ao norte com o município de Inhambupe, ao sul com o município de Catu, a oeste com o município de Aramari, a nordeste com o município de Entre Rios, a leste com o município de Araçás e a sudoeste com o município de Teodoro Sampaio. O município é constituído por dois distritos: Boa União e Riacho da Guia. Vejamos como se configura a sua população:

Quadro 1 – População de Alagoinhas – Bahia, Brasil

População estimada – 2016	155.362
População 2010	141.949
População residente	141.949 pessoas
População residente rural	17.907 pessoas
População residente urbana	124.042 pessoas
Densidade demográfica (hab/km²)	188,67

Fonte: IBGE (2010)

Sua localização privilegiada faz de Alagoinhas um município com características significativas que o colocam entre os maiores municípios do Estado. Sua economia é representada a partir dos seguintes polos: bebidas, cerâmico, curtumes, comercio e serviços. No Quadro 2, a seguir, são apresentados dados sobre a situação econômica e financeira do município:

Quadro 2 – Despesas e receitas orçamentárias

Variável	Alagoinhas	Bahia	Brasil
Receitas	272.183	461.146.647	25.415.792
Despesas	234.822	412.501.044	22.627.303

Fonte: IBGE (2010)

4.2.1 O cenário educacional de Alagoinhas

No âmbito educacional, o município de Alagoinhas apresenta a seguinte descrição:

Quadro 3 – Total de escolas de educação básica

Variável	Alagoinhas	Bahia	Brasil
Total de escolas	145	18.235	183.376
Matrículas em:		Quantidade de estudantes	
Creches	1.169	156.296	3.238.894
Pré-escolas	3.836	364.222	5.040.210
Anos iniciais	11.723	1.162.281	15.442.039
Anos finais	9.315	950.353	12.249.439
Ensino médio	5.417	570.450	8.133.040
EJA	4.262	339.476	3.482.174

Fonte elaborado pela autora, com base em INEP (2016). Total de Escolas de Educação Básica: 145 - https://qedu.org.br/. Acesso: 4 mar. 2023

Nas últimas décadas, o Brasil tem investido em políticas públicas educacionais, sendo essas definidas e implantas pela União, Estados e Municípios. Os governos têm priorizado a educação básica para o desenvolvimento das políticas educacionais. Nos últimos anos, o governo federal vem investindo no desenvolvimento da Política Pública de Educação Integral em Escolas de

Tempo Integral, entendida como aquela em que os estudantes permanecem no mínimo sete horas diárias em atividades educativas.

De acordo com o Plano de Municipal de Educação de Alagoinhas, com vigência para o período de 2015-2023, aprovado pela Lei n.º 2.294/2015, a Secretaria Municipal da Educação e a comunidade alagoinhense comprometem-se com a melhoria da educação básica no município, e, para tal, estabelece na Meta 15 desse plano, "oferecer educação integral em tempo integral em 50% das escolas públicas do município" (ALAGOINHAS, 2015). Essa determinação exige um esforço conjunto que requer do município iniciativas no sentido de:

- Focar no ensino e aprendizagem;
- Ressignificar o currículo escolar;
- Revisar o projeto político pedagógico das unidades escolas;
- Construir, reformar e adequar a rede física das unidades escolares;
- Fortalecer vínculo e diálogo permanentes com a comunidade, ampliando espaços e oportunidades educativas;
- Ampliar tempos e oportunidades educativas;
- Garantir, no mínimo, três refeições diárias para os estudantes;
- Promover a formação das equipes gestoras, professores e coordenadores;
- Promover e incentivar atividades educativas em espaços externos à escola, como: visitas ao teatro, cinemas, parques, chácaras, circos, museus e outros.

No ano de 2009, a Rede Municipal de Ensino de Alagoinhas fez a adesão ao Programa Mais Educação, instituído pela Portaria Interministerial n.º 17, de 24 de abril de 2007, e pelo Decreto n.º 7.083, de 27 de janeiro de 2010, que integra as ações do Plano de Desenvolvimento da Educação – PDE (1998) e constitui-se uma iniciativa do governo federal, para fomentar e induzir a ampliação da jornada escolar e a organização curricular, na perspectiva da Educação Integral.

A proposta do Programa é que, por meio de ações intersetoriais entre a União, Estados e Municípios, cada instância de governo assuma determinadas responsabilidades, no que se refere à oferta da Educação em Tempo Integral em Escolas de Tempo Integral.

Seguindo as orientações do governo federal, nesse mesmo ano, a Secretaria Municipal da Educação de Alagoinhas apresentou aos gestores das escolas municipais, as normas, a metodologia e a proposta do Programa Mais Educação. Na oportunidade, foi solicitado aos respectivos gestores que consultassem a comunidade escolar representadas nos Conselhos Escolares sobre a adesão ou não ao referido Programa.

Após alguns dias, 15 escolas da Rede Municipal de Ensino manifestaram o desejo de desenvolver as atividades de tempo integral, realizando, assim, a adesão ao Programa que foi iniciado no ano de 2010.

Devido ao sucesso do programa e à procura dos pais e comunidade por escolas de tempo integral, no ano seguinte, outras escolas demonstraram interesse pelo mesmo e realizaram a adesão, perfazendo um total de 45 escolas da Rede Municipal de Ensino com atividades de tempo integral.

Faz-se necessário informar que, desde o ano de sua adesão até a presente data, o município vem passando por diversos percalços, no que se refere à matrícula e à garantia das condições mínimas para que as escolas de fato desenvolvam as atividades do Programa Mais Educação. Dentre os percalços referidos, podem ser exemplificados a ausência da oferta de uma das alimentações diárias (almoço), insuficiência de pessoal de apoio (merendeiras, serventes e coordenadores pedagógicos) e inadequação da estrutura física (falta de banheiros e refeitórios).

Segue, a seguir, um demonstrativo com percentual de estudantes da educação básica, com matrículas em período integral, jornada média de sete horas diárias.

Quadro 4 – Matrícula em tempo integral

Alagoinhas	Bahia	Brasil
41,7%	18.6%	18,7%

Fonte: MEC/Inep/DEED/Censo Escolar (2014)

No quadro anterior, considera-se o quantitativo de estudantes com matrícula em jornada escolar de sete horas diárias, o que não significa dizer que esses estão sendo atendidos em escolas de Educação Integral em Tempo Integral, pois essa modalidade de educação pressupõe a organização das atividades escolares, a partir de uma proposta pedagógica que vise ao desenvolvimento dos estudantes em sua plenitude e não apenas a ampliação do tempo na escola.

Para tanto, a ampliação da jornada escolar com vistas à efetivação da educação integral em escolas de tempo integral precisa levar em consideração o tempo contínuo, ampliação da jornada escolar na perspectiva de um currículo único, superando a lógica do turno e contraturno ou turno oposto. A concepção do tempo único visa ao desenvolvimento do sentimento de pertencimento, fortalecimento de vínculos e articulação dos diversos saberes em direção à formação integral do sujeito, considerando suas múltiplas dimensões.

Apesar do município de Alagoinhas registrar um percentual de matrícula em tempo integral bem acima da estatística nacional e estadual, isso não quer dizer que ele possua de fato uma política pública de educação integral, pois a Rede Municipal de Ensino de Alagoinhas, na verdade, funciona na perspectiva do contraturno escolar. Dessa forma, na maioria das escolas, os estudantes não realizam as refeições na unidade escolar, tendo que ir para casa e retornar no outro turno para a complementação das atividades propostas. Além disso, não houve uma discussão para a organização da proposta pedagógica e curricular nos moldes propostos pela educação em tempo integral.

Apesar da Rede Municipal de Ensino ainda não possuir uma política pública que estruture a Educação Integral, percebe-se o interesse da população e das escolas por essa modalidade de educação. De acordo com o Censo Escolar, pode-se observar a crescente matrícula de estudantes em tempo integral, conforme demonstra a tabela a seguir:

Quadro 5 – Demonstrativo de matrícula tempo integral

Localidades	Estudantes 2016		Estudantes 2017	
	Regular	Tempo Integral	Regular	Tempo Integral
Sede	8253	2238	7872	3435
Boa União	1127	193	1051	470
Adjacente	677	366	648	279
Riacho da Guia	1640	324	1587	439
Subtotal:	11.697	3121	11158	4623
Total de Estudantes:	14818		16940	

Fonte: elaborada pela autora da pesquisa, com base em SEDUC/Matricula/Censo Escolar (2016)

O aumento da matrícula de estudantes em tempo integral é reflexo da política pública de incentivo à educação integral, implantada pela União por meio do Programa Mais Educação, que têm enviado recursos financeiros para os Estados, Municípios e Escolas. Mediante o Programa Dinheiro Direto na Escola – PDDE (2007) e do Fundo de Manutenção e Desenvolvimento da Educação Básica – FUNDEB (2007), as escolas recebem recursos para custear as despesas iniciais com alimentação, educadores e adaptação dos espaços, fator que fez crescer o número de matrículas de estudantes em tempo integral.

Os dados demonstram o interesse do município e dos gestores escolares em aderir ao Programa de incentivo à Educação Integral em Escolas de Tempo Integral. A pesquisa demonstra que são vários motivos que fomentam o desejo em participar e aderir ao Programa Mais Educação, dentre eles, pode-se citar: ofertar atividades diversificadas aos estudantes, elevar o Índice do Desenvolvimento da Educação Básica – IDEB (2007), aumentar os recursos financeiros. Entretanto, nos discursos dos gestores, percebe-se que este último tem sido o fator decisivo para a adesão ao Programa Mais Educação.

Diante das observações realizadas e conversas informais com gestores da rede municipal de ensino, nota-se que o principal motivo que os levam a aderir ao Programa Mais Educação, na maioria das vezes, é "para aumentar os recursos da escola", assim como para melhorar a aprendizagem dos estudantes e proporcionar-lhes atividades diversificadas.

Ao aderir as atividades de tempo integral, a escola passa a receber, por meio do Programa Dinheiro Direto na Escola Integral – PDDE/INTEGRAL (2007), recursos para o desenvolvimento das atividades de Acompanhamento Pedagógico, Meio Ambiente; Esporte e Lazer; Direito Humanos em Educação; Cultura e Artes; Cultura Digital; Promoção da Saúde; Educomunicação; Investigação no Campo das Ciências da Natureza; Educação Econômica. Para cada macrocampo, são elencadas uma média de dez atividades afins, das quais cada escola pode escolher 5 (cinco) atividades, sendo o acompanhamento pedagógico de caráter obrigatório (português e matemática) e as 3 (três) restantes de livre escolha da comunidade escolar.

De acordo com as orientações do referido programa, cada escola, em conformidade com o seu projeto político pedagógico e em diálogo com a sua comunidade, decide sobre quais macrocampos e atividades desejam realizar e quantos estudantes participarão das atividades integral, salientando que o valor do recurso financeiro repassado para cada escola está vinculado e diretamente relacionado com o quantitativo de estudantes participantes do tempo integral.

O conselho escolar é um elemento a ser consultado sobre a definição das ações que envolvam esse programa. Tal procedimento se justifica por ser o Conselho um órgão constituído por todos os segmentos que compõem a comunidade escolar (pais, professores, estudantes, direção e demais funcionários), por meio do qual todos os atores da comunidade escolar podem se fazer representar e decidir sobre os rumos e ações da unidade escolar, acompanhando e gestando sobre os aspectos, financeiros, administrativos e pedagógicos.

Por se tratar de um colegiado representativo do desejo da comunidade escolar, o Ministério da Educação orienta que, para aderir ao Programa Mais Educação e, consequentemente, implantar e implementar Educação Integral em Escolas de Tempo Integral, é imprescindível que essa decisão seja tomada conjuntamente com o conselho escolar.

Dentre as 45 (quarenta e cinco) unidades escolares que aderiram ao Programa Mais Educação, ao serem questionadas sobre como se deu a adesão ao tempo integral e como a escola está organizada para propiciar o envolvimento da sua comunidade nos processos decisórios da escola, obtivemos os seguintes resultados:

Gráfico 1 – Nível de participação da comunidade escolar

Fonte: a autora

A pesquisa revela que a maioria dos gestores fizeram a adesão sem mobilizar a comunidade e sem a consulta prévia ao conselho escolar, para definir quais as atividades que melhor se adequariam à realidade da escola. Assim, desconsideraram a orientação do Órgão Central que administra as escolas da Rede Municipal de Ensino, para que as escolhas das atividades fossem tomadas coletivamente.

Considera-se que esse foi, na maioria das vezes, um dos principais fatores que inviabilizaram a execução das atividades de tempo integral, visto que a decisão foi tomada sem uma efetiva participação coletiva, sem analisar os espaços e condições para o desenvolvimento delas.

4.3 SUJEITOS DA PESQUISA

Os sujeitos desta pesquisa estão constituídos pelos seguintes atores: gestores, professores, educadores/monitores, estudantes, pais e conselheiros das escolas municipais Visconde do Rio Branco e José Abelha Flores que aderiram ao Programa Mais Educação.

Em cada unidade escolar, foram ouvidos os membros da comunidade escolar, distribuídos da seguinte maneira: 2 diretoras escolares, 5 professores, 5 educadores/monitores, 10 pais, 10 estudantes e 4 serventes/merendeiras. Os sujeitos da pesquisa totalizaram, então, 36 pessoas.

4.3.1 Campo empírico

Para a realização desta pesquisa, foram escolhidos dois campos empíricos, por entender que, por estarem envolvidos de diferentes formas com o objeto da pesquisa, podem possuir visão e percepção diferentes do mesmo e assim complementar a compreensão do objeto da pesquisa, contribuindo significativamente para a elucidação dos aspectos em estudo. O primeiro campo é a Escola Municipal José Abelha Flores e o outro é a Escola Municipal Visconde do Rio Branco, doravante denominadas Escola 01 e Escola 02, respectivamente, ambas integrantes da Rede Municipal de Ensino, situadas no perímetro rural de Alagoinhas-BA.

O currículo das referidas escolas está organizado em dois ciclos básicos de aprendizagem, o primeiro ciclo da alfabetização que corresponde ao 1º, 2º e 3º ano, e o segundo da alfabetização correspondente ao 4º e 5º anos.

A equipe administrativa e pedagógica da Escola n.º 01 é constituída por 1 (uma) diretora, 5 (cinco) professores, 5 (cinco) educadores/monitores das atividades de tempo integral, 1 (uma) merendeira e 1 (uma) auxiliar de serviços gerais. Já a equipe escolar da Escola n.º 02 é composta por 1 (uma) diretora, 4 (quatro) professores, 5 (cinco) educadores/monitores das atividades de tempo integral, 2 (dois) auxiliares de serviços gerais, 2 (duas) merendeiras e 1 (um) porteiro.

As instituições de ensino contam também com o apoio voluntário de alguns pais, como colaboradores na realização de trabalhos e serviços de manutenção na escola, tais como conserto de carteiras escolares, pintura do prédio, auxilio nas atividades de tempo integral etc.

A comunidade das escolas é composta, na sua maioria, por famílias de segmentos populares, de baixa renda, sendo que a maioria são agricultores, atividade característica da comunidade rural. As escolas apresentam um rico universo multicultural, as pessoas que as compõem pertencem a diferentes raças, credos religiosos, condições sociais, níveis culturais, manifestando atitudes e valores comuns à região que habitam.

A principal receita das escolas é oriunda do PDDE[15]. Com esse recurso, adquirem-se itens diversos, como papel, cartolina e outros, além de cobrir as despesas das atividades de tempo integral, como: aquisição de instrumentos, roupas para os estudantes participarem das diversas atividades (futebol, dança, música, festivais, passeios etc.) e o custeio das despesas de alimentação e transporte dos educadores/monitores, já que eles exercem atividades de voluntariado. Vale salientar que os recursos oriundos do PDDE não são suficientes para cobrir todas as despesas do tempo integral.

Segundo informações da equipe escolar e de acordo com a pesquisa, as escolas passam por muitas dificuldades para a realização das atividades de tempo integral, refletidas nas condições de funcionamento, pois a infraestrutura, os recursos humanos e pedagógicos são aspectos bastante precários. Muitos desses aspectos referem-se à contrapartida que o muni-

---

[15] O Programa de Dinheiro Direto na Escola (PDDE) é um programa do Ministério da Educação, portanto, da esfera federal, que tem como finalidade prestar assistência financeira, em caráter suplementar, às escolas públicas do ensino fundamental das redes estaduais, municipais e do Distrito Federal. O repasse dos recursos do PDDE é feito anualmente pelo Fundo Nacional de Desenvolvimento da Educação (FNDE) às contas bancárias das unidades executoras (Conselhos de Escola). O FNDE define o valor *per capita* por aluno. Para 2005, o *per capita* é de R$ 24,00 para as escolas das Regiões Sul, Sudeste e do Distrito Federal. Os estabelecimentos de ensino das Regiões Norte, Nordeste e Centro-Oeste (exceto do Distrito Federal) recebem R$ 29,00 por aluno matriculado. (Disponível em: https://www.gov.br/fnde/pt-br. Acesso em: 4 mar. 2015).

cípio deveria oferecer, visto que este tem que destinar recursos próprios para o desenvolvimento das atividades de Tempo Integral.

Percebe-se que as escolas ainda não construíram a sua autonomia e não possuem força suficiente para reivindicar junto ao órgão gestor condições para o desenvolvimento das ações de tempo integral, o que somente pode lhe ser assegurada com um Conselho de Escola[16] atuante e representativo, pois, como afirma Gadotti (2004, p. 267), "cada escola deveria ser suficientemente autônoma para poder organizar o seu trabalho da forma que quisesse, inclusive contratando e exonerando, a critério do conselho de escola".

Para que essas escolas tenham força suficiente para reivindicar condições dignas de funcionamento do tempo integral, faz-se necessário o envolvimento da coletividade, mediante a representatividade nos Conselhos de Escola ou Colegiado Escolar — como é regulamentado no estado da Bahia — órgão colegiado que tem como objetivo promover a participação da comunidade escolar nos processos de administração e gestão da escola.

O Colegiado também pode instituir na escola grupos de formação continuada, para refletir e/ou construir o seu projeto pedagógico e discutir temas que ampliem a compreensão dos membros na construção de uma escola pública democrática, além de refletir sobre os aspectos inerentes à Educação em Tempo Integral

Fica notório, pelo que foi observado, que os Conselhos Escolares das instituições estudadas ainda não estão exercendo plenamente as suas funções deliberativa, consultiva, normativa e fiscalizadora, uma vez que eles ainda não possuem força suficiente para reivindicarem dos órgãos centrais condições dignas e educação de qualidade para seus estudantes.

Durante as entrevistas com a comunidade escolar, as duas escolas envolvidas nesta pesquisa foram questionadas quanto à periodicidade de reuniões do conselho escolar e se ele discute a educação integral, obtendo-se o seguinte resultado:

---

[16] O Conselho de Escola é um colegiado normalmente formado por todos os segmentos da comunidade escolar, tais como: pais, alunos, professores, direção e demais funcionários, com o objetivo de decidir sobre aspectos administrativos, financeiros e pedagógicos, constituindo-se não apenas em um canal de participação, mas, principalmente, em instrumento de efetiva gestão da escola.

Gráfico 2 – Periodicidade das reuniões dos Conselhos

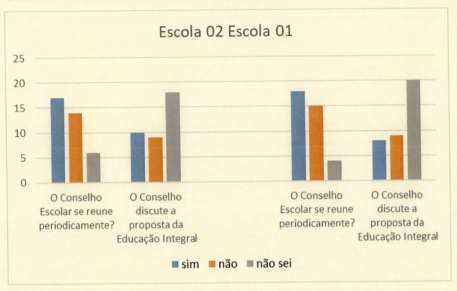

Fonte: a autora

Apesar das reuniões dos conselhos escolares acontecerem periodicamente, a pesquisa demonstra que não é formulada uma pauta sistemática para a discussão dos aspectos inerentes às práticas pedagógicas e, mais especificamente, não se discute a educação integral e o seu desenvolvimento, enquanto política pública.

Chega-se à conclusão que os conselhos necessitam de formação para se fortalecerem. É notório o poder ainda exercido pelas instâncias administrativas externas sobre a Escola, o que nos indica, mais uma vez, claramente a falta de autonomia da instituição para decidir sobre aspectos inerentes à gestão pedagógica, administrativa e financeira.

A autonomia escolar, tão propalada pelos órgãos oficiais, inclusive na legislação educacional, não está nessa situação específica sendo respeitada, o que fere a gestão democrática das instituições escolares. A escola tem colegiado escolar eleito, mas pelo que se pôde perceber este ainda não despertou para a necessidade de discutir e decidir sobre ações de caráter pedagógico, muito menos sobre seus direitos à educação integral em escola de tempo integral, restringindo sua ação a apenas decidir timidamente sobre questões financeiras e de aquisição de bens. A esse respeito, concordamos que

> [...] uma gestão democrática que valorize a escola e a sala de aula eliminaria a mediação entre a direção dos órgãos responsáveis pela educação e as escolas. As atuais funções de planejamento e capacitação poderiam ser deixadas para as próprias escolas (GADOTTI, 2004, p. 268).

Ao perguntarmos aos professores e aos educadores/monitores como são tomadas as decisões na escola, esses afirmaram que *"as decisões são tomadas durante as reuniões de planejamento"*. De acordo com o que foi observado em relação a essa questão, observa-se que existe uma prática democrática incipiente no ambiente escolar, visto que os professores e os educadores/monitores participam e decidem quanto à realização de atividades relativas a aspectos que envolvem projetos pedagógicos. Pôde-se verificar que as decisões são tomadas nas reuniões de planejamento, das quais participam apenas professores e direção, membros esses que, apesar de serem importantes, não representam o coletivo da escola.

Nesse aspecto, os professores sentem-se responsáveis pelas decisões que assumiram. A mesma pergunta foi feita as serventes, merendeiras, mães e estudantes, todos eles membros da comunidade escolar. A resposta mais comum pode ser representada com a fala de que *"as decisões são tomadas pela direção da escola"*. Perguntou-se, então, se eles participam das tomadas de decisões e eles responderam que *"quando é para comprar algum material para a escola sim, na parte pedagógica, não"*. Alguns, ainda, não souberam responder.

Nesse contexto, constata-se que a escola trabalha com a concepção de que a parte pedagógica interessa apenas a direção, coordenação, professores e educadores/monitores e a parte financeira e administrativa necessita da participação dos demais membros da comunidade escolar. Nesse sentido, pode-se afirmar que a escola apresenta uma carência quanto ao envolvimento do Conselho de Escola nos processos decisórios. A esse respeito, vejamos o que diz Gadotti:

> Muitas pessoas entendem que o processo democrático de escolha dos dirigentes escolares é suficiente para a garantia da gestão democrática da escola. Não é! Ele é condição necessária, mas não suficiente. Por isso, a Carta deve conter informações precisas sobre a participação dos órgãos colegiados nas decisões escolares. A atuação do Conselho ou Colegiado Escolar, das Associações de Pais e Mestres ou de Pais e Professores, dos Grêmios Estudantis e de outros órgãos congêneres deve ser medida, para uma avaliação de seu impacto no rendimento dos alunos e na qualidade do

ensino ministrado. No fundo, significa avaliar as relações intra e extra-escolares e suas implicações no desempenho da escola (GADOTTI, 2002, p. 62).

Entende-se que a educação é um processo histórico e cultural no qual somos agentes ativos em constante formação e transformação. Assim, a escola não é, e não pode ser, o único lugar onde ocorre a aprendizagem, apesar da sociedade atribuir a ela a grande responsabilidade pela transmissão dos saberes sistematizados. Porém, ela é o lugar privilegiado para o encontro da criança com o saber sistematizado. Sendo assim, a escola precisa constituir-se, de fato, uma instituição instauradora de condições para o domínio, pelos estudantes, dos conhecimentos/habilidades necessários ao exercício responsável e autônomo da cidadania.

A Lei de Diretrizes e Bases da Educação Nacional (LDBEN n.º 9.394/96) atribui à escola uma ênfase que não havia sido, ainda, dada por nenhuma outra lei no Brasil. Os artigos 11 a 15, especialmente, indicam as incumbências inerentes aos municípios, aos estabelecimentos de ensino e aos seus professores. A primeira das incumbências para as escolas é elaborar e executar sua proposta pedagógica.

Essa exigência da lei está, por sua vez, fortemente vinculada ao princípio constitucional da gestão democrática que se evidencia na atual LDBEN (1996) de forma bastante explícita, quando, no Art. 15, expressa:

> Os sistemas de ensino assegurarão às unidades escolares públicas de educação básica, que os integram, progressivos graus de autonomia pedagógica e administrativa e de gestão financeira, observadas as normas gerais de direito financeiro público (BRASIL, 1996, p. 16).

Assim, a LDBEN (Lei n.º 9.394/96) representa um extraordinário progresso, já que, pela primeira vez na história da educação no Brasil, autonomia escolar e proposta pedagógica aparecem vinculadas em um texto legal.

A exigência de elaboração da proposta pedagógica aparece na LDBEN (Lei n.º 9.394/96) nos dois artigos que tratam diretamente das incumbências das escolas e dos professores (Art. 12 e 13) e apresenta-se claramente vinculada, no Art. 14, à gestão democrática. Isso mostra o papel de relevância que a proposta assume como um dos mecanismos de sua concretização. O referido artigo da legislação indica como princípios da gestão democrática "a participação dos profissionais da educação na elaboração do projeto pedagógico da escola e a participação das comunidades escolares em conselhos escolares ou equivalentes" (BRASIL, 1996).

Sendo assim, dois elementos são intrínsecos à elaboração de uma proposta que contemple os princípios de uma gestão democrática: ser construída de forma coletiva e ter a participação efetiva de todos os que compõem a comunidade escolar, ou seja, professores, alunos, funcionários, pais e outros membros da comunidade que circundam a escola, representados no conselho escolar.

Pode-se dizer que a proposta pedagógica se configura como a escola em movimento, onde o seu dia a dia é discutido coletivamente, buscando possíveis soluções para os problemas enfrentados, definindo de forma participativa as responsabilidades pessoais e coletivas a serem assumidas para a consecução dos objetivos estabelecidos. Portanto, a comunidade escolar assume compromissos para a realização dos projetos e propostas, sentindo-se, então, parte integrante da instituição.

Entretanto, para que esse conselho escolar possa configurar-se elemento de participação da comunidade escolar e local, é fundamental que os conselheiros tornem-se efetivamente representantes desta sociedade.

É importante que no âmbito da instituição se efetive a democratização do poder. Entende-se por democratização a possibilidade de interação dos diferentes autores da ação educativa no processo de construção da autonomia pedagógica, administrativa e financeira da escola.

O conselho escolar representa um significativo espaço de poder e de interação da comunidade escolar, que possibilita a construção da autonomia na gestão da escola, uma vez que nesse colegiado podem ser criadas condições para o compartilhamento coletivo de saberes.

Ao serem questionados como se deu a implantação do Programa Mais Educação na escola e sobre a escolha das atividades de tempo integral, os membros da comunidade escolar das Escolas n.º 01 e n.º 02 em sua maioria responderam o seguinte: *"A diretora foi convocada pela Secretária da Educação para ser informada que a Escola foi contemplada com o Programa"*. Diante dessa resposta, pode-se concluir que ainda não há uma participação ativa da comunidade, no que se refere às decisões pedagógicas, tampouco os conselhos ainda não são partícipes e atuantes.

O Programa Mais Educação implantado nas escolas, como ação indutora para a educação integral, pode colaborar na transformação da escola num espaço significativo de aprendizagem para todos que dela fazem parte, sem perder de vista a realidade cultural e social de seus estudantes e funcionários. Dessa forma, a instituição deve possuir uma proposta de trabalho que reconheça na relação participativa e democrática a forma de reconstruir a educação e buscar tornar evidente o seu papel no processo de educação de qualidade oferecida pelo município por meio das alternativas possíveis.

As concepções teóricas que norteiam o trabalho pedagógico nas escolas ora pesquisadas são fundamentadas nas teorias de Piaget e Vygostky (1991), que veem o estudante como sujeito ativo da sua aprendizagem e o professor como mediador na construção do conhecimento.

Nesse sentido, o processo avaliativo das escolas é de cunho qualitativo no qual os estudantes são constantemente observados, visando à construção de uma diagnose. Percebe-se que, após a observação, o professor identifica as dificuldades e os avanços dos mesmos e, com base nesse diagnóstico, (re) planeja a sua ação com o apoio da Coordenação Pedagógica da Secretaria da Educação, tendo como objetivo principal a melhoria da aprendizagem.

A orientação pedagógica e o acompanhamento do trabalho são feitos pela Coordenação Pedagógica – Equipe da Secretaria Municipal da Educação, visando sempre ao bom desempenho do processo educativo. Vale salientar que as coordenadoras desenvolvem um papel fundamental na instituição, buscando sempre a articulação dos diversos segmentos da escola.

Com relação ao seu aspecto físico, pode-se observar que a Escola n.º 02 está instalada num prédio de construção recente, próprio para a atividade escolar, com ambientes bem distribuídos, contendo quatro salas de aulas espaçosas, ventiladas e bem iluminadas, um refeitório, sanitários masculino e feminino, cozinha, diretoria e dispensa. No entanto, a área livre para lazer e recreação é pequena e descoberta, mas comporta o quantitativo de alunos.

Ainda com relação ao espaço físico, a escola não apresenta condições para o desenvolvimento da escola de tempo integral, pois os sanitários não possuem chuveiro para banho dos estudantes, não existe um espaço para o descanso após o almoço, nem uma sala especifica para as atividades de dança, artes etc., sendo essas atividades improvisadas em espaços da comunidade ou no próprio refeitório.

A Escola n.º 01 é construída em um prédio antigo, possui cinco salas de aula, uma cozinha pequena, sanitários, despensa e uma área livre sem cobertura. Essa instituição não possui as mínimas condições para o funcionamento do tempo integral, simplesmente as atividades são desenvolvias, a partir do desejo e boa vontade dos funcionários e da gestão.

Ao descrever os aspectos físicos das unidades escolares, vê-se o quanto é frágil a mobilização nos conselhos escolares, pois, conforme os documentos orientadores do Programa, a gestão municipal precisa articular-se para promover a adaptação das unidades escolares para o desenvolvimento das atividades de tempo integral.

4.4 OS CONSELHOS ESCOLARES E A ADESÃO AO PROGRAMA MAIS EDUCAÇÃO

As escolas investigadas aderiram ao Programa Mais Educação no ano de 2010, quando essa pesquisadora, coordenadora municipal do referido programa, a partir das orientações contidas nos documentos norteadores, convidou os gestores escolares para esclarecer sobre os seus objetivos.

Na oportunidade, foram apresentadas as orientações do Ministério da Educação para a adesão e informações sobre o público-alvo e como deveria ser o processo de escolha das atividades a serem desenvolvidas por cada unidade escolar.

Observe-se o que diz a orientação contida no Caderno de Orientação, Mais Educação: Passo a Passo:

> É desejável que o debate acerca da educação integral mobilize toda a escola e toda comunidade, mesmo aqueles professores e funcionários que ainda não têm envolvimento direto com o Programa Mais Educação. Trata-se de refletir acerca desta responsabilidade compartilhada com a família e com a sociedade que é a educação das novas gerações. Cabe permanentemente a questão: qual é o horizonte formativo que a escola passa a vislumbrar com a ampliação da presença dos estudantes, com a ampliação do tempo de escola? A Educação Integral abre espaço para o trabalho dos profissionais da educação, dos educadores populares, dos estudantes em processo de formação docente e dos agentes culturais, que se constituem como referências em suas comunidades por suas práticas em diferentes campos (observando-se a Lei nº 9.608/1998, que dispõe sobre voluntariado) (BRASIL, 2011, p. 15-14).

Conforme as orientações do Ministério da Educação em seu passo a passo, o processo de adesão ao programa deve ocorrer de forma compartilhada com a família e comunidade, mediante a atuação dos conselhos escolares, assim como a escolha das atividades que serão desenvolvidas no tempo integral precisa ser uma escolha coletiva.

Durante todo o processo de implantação do Programa, sempre ficou claro para as escolas e os gestores, que a decisão para a adesão ou não adesão ao programa seria de responsabilidade da própria escola e seu conselho escolar, podendo esse rejeitar a proposta de tempo integral.

Na entrevista, foi questionado aos membros do conselho escolar e a gestora sobre como foi tomada a decisão para a implantação do Programa na escola. Eis a seguir as respostas:

> **Professora membro do conselho escolar**: *A diretora foi convocada pela Secretaria da Educação para ser informada que a Escola foi contemplada com o Programa Mais Educação.*
>
> **Pai membro do conselho escolar**: *A direção da escola disse que era bom para ajudar os pais.*
>
> **Gestora**: *Comunicamos aos pais em reunião sobre a necessidade da comunidade e que as atividades iam ajudar os alunos. Que os pais podiam sair para trabalhar, pois seus filhos estariam sendo cuidados na escola. O programa oferece atividades como lazer, futebol, dança, aulas de português e matemática, as quais iriam ajudar os pais na aprendizagem das crianças, além de elevar o IDEB da escola. Então a gente quis dar oportunidade para estas crianças que não tinham acesso a estas atividades. Além disso, viriam mais recursos financeiros para a escola. Então resolvemos aderir ao Mais Educação, apesar de não termos estrutura física nem funcionários suficientes.*
>
> **Professora da escola**: *A diretora foi convocada pela Secretaria da Educação para ser informada sobre o programa e que a escola iria receber mais recursos e seria bom para as crianças.*

Diante das falas anteriores, percebe-se o desejo dos gestores e comunidade pela educação integral em escolas de tempo integral. Entretanto, pode-se ver que o conselho escolar e a comunidade não sabem ao certo do que se trata, confiaram na direção e referendaram a decisão já tomada por esta.

A diretora por sua vez, partindo do desejo de ver a melhoria na aprendizagem de seus estudantes e na possibilidade de viabilizar outros saberes para eles, aderiu ao programa, acreditando que o Órgão Central iria oferecer as condições para o funcionamento das atividades de tempo integral.

Buscou-se saber como se deu o processo de escolha das atividades pela escola e obtiveram-se as seguintes respostas:

> **Gestora**: *A atividade de letramento e matemática o MEC já as colocam como obrigatória. As outras atividades foram escolhidas de acordo com o espaço que tínhamos na escola. Então selecionamos futebol por ter um campo perto, iniciação musical por ter um moço na comunidade que podia ser o monitor, artesanato e dança por possuirmos facilidade em conseguir monitores.*

Para escolher tais atividades, a comunidade escolar e o conselho foram consultados?

> **Gestora**: *Num primeiro momento não houve tempo hábil para consultar a comunidade escolar e discutir, já que tudo foi muito rápido. Então, priorizamos a realidade estrutural que nós temos dentro da escola e conversamos com poucos pais e com os professores que estavam no momento.*

Constata-se que a decisão ficou centrada na gestora. Ao consultar alguns professores sobre essa questão, obteve-se a seguinte resposta: cinco responderam que "não" e três que "sim". Em relação aos demais funcionários, alguns informaram que chegaram à escola após a implantação do programa. Uma merendeira informou que: *"Não. Eu não quis participar, só vejo mais trabalho".*

Em seguida, questionamos a gestora se ela se sentiu pressionada a aderir ao programa:

> **Gestora 1**: *Não, não senti assim. Eu senti que não havia outra alternativa, pois o MEC estava oferecendo atividades diversificadas para as crianças e que a verba seria disponibilizada pelo PDDE para melhorar a estrutura e para pagar os monitores. Então senti que seria bom para a escola e para os estudantes.*

> **Gestora 2**: *Não, não entendo como pressão, senti que seria uma oportunidade para ofertar outras atividades aos estudantes e pensei que seria bom para eles e para a escola como um todo.*

Vale salientar que inicialmente a Secretaria da Educação pressionou as escolas para que aderissem ao Programa, visto que o Ministério da Educação também de certa forma induziu Redes de Ensino que fizessem essa adesão, uma vez que a educação integral é meta do Plano Nacional e o programa constitui-se ação indutora.

Conforme as orientações do Ministério da Educação a parceria da União com os municípios dar-se-á mediante o que consta na Resolução n.º 3, de 1º de abril de 2010, e conforme essa, cabe as Secretarias de Educação entre outras atividades garantir o funcionamento e apoiar financeiramente as escolas, vejamos:

> Art. 22 [...] IV - à EEx:
>
> [...]
>
> f) enviar, à SECAD/MEC, pelo SIMEC, o Plano de Atendimento Global Consolidado (Anexo III) para que as escolas integrantes de suas redes de ensino sejam contempladas com recursos destinados ao desenvolvimento da Educação Integral;
>
> g) enviar, à SECAD/MEC, Termo de Compromisso, assinado pelo Secretário Estadual ou Distrital de Educação ou pelo Prefeito Municipal, apoiando a construção de cobertura de quadras esportivas ou de espaços destinados ao esporte e ao lazer e disponibilizando recursos financeiros, quando necessário, e pessoal técnico para acompanhamento da execução da obra;
>
> [...]
>
> j) empregar os recursos em favor das escolas que não possuem UEx, em conformidade com o disposto na alínea "a" deste inciso e com as normas e os critérios estabelecidos para a execução do PDDE, mantendo em seu poder, à disposição do FNDE, dos órgãos de controle interno e externo e do Ministério Público, os comprovantes das despesas efetuadas a expensas do programa com aquisição de materiais de consumo e contratação de serviços, em benefício das referidas escolas, observado o prazo previsto no art. 30;
>
> [...]
>
> l) apoiar, técnica e financeiramente, as Uex, representativas de suas escolas, no cumprimento das obrigações referidas nas alíneas "l" a "o" do inciso V deste artigo, inclusive, se necessário, com a disponibilização de contador habilitado para esse fim, bem como em iniciativas que contribuam para a regular e eficiente aplicação dos recursos do programa,

> vedadas ingerências na autonomia de gestão que lhes é assegurada; (BRASIL, 2010a, p. 3).

Nota-se que são muitas as atribuições das Secretarias da Educação no que se refere à garantia do desenvolvimento da Educação Integral em Escolas de Tempo Integral.

Entretanto, não basta apenas a letra fria da legislação, é necessário que os Órgãos Colegiados, responsáveis por fiscalizar o destino e a execução dos recursos da educação, de fato cumpram seu papel. Sobre o papel e cumprimento das atribuições do Órgão Central, o acompanhamento deve ser feito pelo Conselho Municipal da Educação, Conselho Municipal de Fiscalização do Fundo da Educação Básica e pelo Conselho de Alimentação Escolar.

O conselho escolar é o responsável por acompanhar e fiscalizar as ações pedagógicas e os recursos destinados às Unidades Escolares, a Resolução n.º 3 de 1º, de abril de 2010, assegura a participação da comunidade na escola e gestão das atividades do Programa, vejamos o Art. 22, inciso V, alíneas "e" e "f":

> [...]
>
> e) exercer plenamente autonomia de gestão do PDDE, assegurando à comunidade escolar participação sistemática e efetiva nas decisões colegiadas, desde a seleção das necessidades educacionais prioritárias a serem satisfeitas até o acompanhamento do resultado do emprego dos recursos do programa;
>
> [..]
>
> j) disponibilizar, quando solicitada, às comunidades escolar e local toda e qualquer informação referente à aplicação dos recursos do programa; (BRASIL, 2010a, p. 3).

A legislação que trata sobre adesão, habilitação e as formas de execução dos recursos referente ao Programa Dinheiro Direto na Escola e ao processo de adesão ao Programa Mais Educação, ressalta a importância da participação do conselho escolar como órgão de controle, acompanhamento e fiscalização das atividades.

Nas entrevistas com representantes da comunidade escolar e com os membros do conselho escolar, observou-se o reduzido conhecimento que eles possuem a respeito do Programa Mais Educação, da Educação Integral e mais especificamente de suas atribuições enquanto conselheiros.

Apesar da pesquisadora na qualidade de coordenadora municipal do Programa Mais Educação realizar reuniões de sensibilização com os conselheiros e comunidade escolar, para esclarecer sobre o seu papel na escola, essas reuniões não foram suficientes.

Sente-se a falta de cursos de formação para o fortalecimento dos conselhos escolares, a fim de que possam de fato cumprir com seu papel de fiscalizador e mobilizador da educação pública. Vê-se também a ausência de discussões e reflexões sobre a educação integral e sua importância social.

Apesar do Ministério da Educação ter um programa de fortalecimento dos Conselhos Escolares, a Rede Municipal de Ensino não fez adesão a ele. Isso dificulta a atuação dos Conselhos no sentido de que possam apreender e mobilizar-se para acompanhar a educação no município. O Caderno de Apresentação do Programa de Fortalecimento dos Conselhos Escolares, do Ministério da Educação, afirma que

> Uma das questões centrais para a qualidade da participação é a da capacitação dos conselheiros. Para que o conselheiro possa exercer bem sua função é fundamental que conheça: o conselho: seu significado e papel; o papel de conselheiro e o significado da representação; a escola como organização e o seu projeto político-pedagógico; a legislação educacional básica; o sistema de ensino (do estado ou do município) – princípios e normas; o significado da participação - a pertença da escola à cidadania (BRASIL, 2004, p. 35).

A carência dessa formação específica dificulta o pleno exercício da função dos conselheiros e poderá comprometer a atuação dos conselhos, limitando a sua autonomia perante o Órgão Oficial da Educação Municipal.

Nas unidades observadas, o conselho escolar, órgão que tem como metas mobilizar, fiscalizar e acompanhar as ações da escola e do mesmo, na Rede Municipal de Alagoinhas, ainda não compreende o seu papel, tornando difícil a tarefa de reivindicar políticas públicas de educação integral em escolas de tempo integral.

Diante dessa conjuntura, questionamos aos membros do conselho escolar e comunidade escolar sobre o que entendem por educação integral em escola de tempo integral. As respostas foram as seguintes:

> **Professora**: *Entendo que é uma escola que funciona em um turno com as disciplinas curriculares e no outro com oficinas.*
>
> **Professor membro do conselho**: *É a escola em que o estudante estuda em um turno as disciplinas do currículo comum e no outro eles participam de aulas de reforço, oficinas etc.*
>
> **Mãe membro do conselho**: *Onde os estudantes permanecem o dia inteiro na escola participando de atividades.*
>
> **Pessoa da comunidade membro do conselho**: *No meu conhecimento trata-se de uma globalização, para tentar tirar a dificuldade dos estudantes, no conhecimento de educar.*
>
> **Funcionário da escola**: *Onde os estudantes permanecem maior tempo na unidade escolar para que aprendam mais.*

Diante das respostas apresentadas, constata-se que a comunidade escolar e os conselhos ainda não compreendem o que é educação integral e possuem uma visão reduzida, compreendendo-a como apenas uma atividade de contra turno realizada na escola.

Nesse contexto, como se pode observar, as escolas da Rede Municipal de Alagoinhas ainda não oferecem Educação Integral em Escolas de Tempo Integral, pois para tal é primordial que se faça uma reorganização curricular e a implantação da política pública de educação integral.

Com base no que foi discutido no Capítulo 3 deste trabalho, os movimentos sociais exercem um papel fundamental no cenário social, pois são instrumentos de mobilização para o desenvolvimento de políticas públicas. Os conselhos são compostos por representantes da sociedade que precisam ser instrumentalizados para que possam reivindicar dos órgãos governamentais seus direitos já atribuídos em legislação.

Ao comprometer-se em aderir ao Programa Mais Educação como ação indutora da Educação Integral em Escola de Tempo Integral e ao garantir na meta 15 do seu Plano Municipal de Educação a implantação da educação integral em pelo menos 50% das escolas da rede municipal, a Secretaria Municipal da Educação, juntamente com a sociedade alagoinhense, reafirmou o seu desejo em implantar e implementar a educação integral no município.

Sendo assim, cabe a sociedade por meio dos órgãos colegiados fiscalizar os recursos que são enviados ao município mediante o FUNDEB (2007), para que os governantes locais possam oferecer as condições legais para a efetivação dessa política pública tão almejada pela população.

No ano de 2016, o Programa Mais Educação foi interrompido devido ao não repasse de recursos pelo governo federal, o que inviabilizou o desenvolvimento das atividades.

Nesse mesmo ano, pressionada pelas reivindicações da comunidade da Escola n.º 02, a Secretaria Municipal da Educação decide implantar, com recursos próprios, um projeto piloto de educação integral no município, contemplando 4 (quatro) escolas, dentre elas as 2 (duas) escolas pesquisadas.

A Secretaria Municipal da Educação passou a arcar com todas as despesas do tempo integral nessas escolas, destinando monitores/educadores, coordenador pedagógico e propiciando todas as condições para o desenvolvimento da proposta integral, por meio de atividades que foram iniciadas no mês de abril do mesmo ano.

Ao final do mês de setembro do referido ano, a Secretaria Municipal da Educação de Alagoinhas percebeu que não havia recursos suficientes para manter o tempo integral, uma vez que o governo federal não estava realizando os repasses para as unidades escolares. Então, decidiu suspender a proposta por tempo indeterminado, solicitando que os gestores comunicassem à comunidade escolar.

Diante de tal situação, a Escola n.º 02 mobilizou-se. A reunião realizada no dia 6 (seis) de outubro, em que esta pesquisadora se fez presente, representando a Secretaria da Educação, evidencia o pleito da comunidade, a qual se constituiu num primeiro passo formal de mobilização. . Assim, a Escola n.º 02, por meio do seu conselho escolar pressionou a Secretaria Municipal da Educação de Alagoinhas e mobilizou a Câmara de Vereadores da cidade, pleiteando o retorno da educação em tempo integral na mesma e na Escola n.º 01, obtendo sucesso.

Diante do exposto, conclui-se que o acompanhamento dos processos educativos, bem como a gestão da escola pública são ações que possibilitam e configuram na escola o caráter participativo da democracia; é tarefa impossível justificá-lo e construí-lo sem a ação efetiva de todos os seus envolvidos e sem a presença da diversidade, do conflito, do direito à expressão e do sentido de compromisso e responsabilidade, que precisam estar presentes no conselho escolar. Essa participação nas tomadas de decisões e organização de ações que favoreçam o processo educativo se configuram em atos políticos (GADOTTI, 2006).

Não existe educação democrática, nem escola de tempo integral sem que haja um processo de humanização, ou seja, o caráter problematizador que se dá por meio do diálogo, visto que o diálogo, na concepção de Freire (1983, p. 29), "se impõe como caminho pelo qual os homens ganham significação enquanto homens". Nessa perspectiva, todo ato pedagógico é um ato político, pois implica em tomadas de decisões, não existindo assim educação neutra,

> **A escola, espaço de relações sociais e humanas, é um campo propício para a discussão política,** pois, ser político nesse âmbito é conhecer profundamente essa instituição em todas as suas características. É compreender como são estabelecidas as relações de poder no seu interior e saber avaliar como isso repercute nos serviços que a unidade escolar oferece à comunidade (PADILHA, 2005, p. 22, grifo nosso).

Assim, durante o processo de tomada de decisões, todos aqueles que têm compromisso com a democratização da educação escolar precisam trabalhar coletivamente, participando ativa e permanentemente dos processos decisórios da escola. Essa participação poderá se dar mediante o fortalecimento dos Conselhos Escolares. Nesse sentido, vejam o que diz do membro do Conselho da Escola 02:

> **Conselheiro**: *É importante que os Conselhos sejam incentivados e apoiados pela Secretaria da Educação para que ele possa acompanhar o desempenho e as atividades refere ao cumprimento do que é estabelecido para a Educação Integral.*

Acredita-se que o trabalho de descentralização do poder e o fortalecimento dos Conselhos Escolares não é tarefa fácil, uma vez que necessita do exercício de cidadania, que envolve responsabilização com o espaço público. Nesse caso especialmente, no nosso país, essa é ainda uma situação pouco clara, tendo em vista todo o processo histórico de autoritarismo na formação do Estado brasileiro.

Dessa forma, fica evidente que só por meio do fortalecimento dos Conselhos e propiciando o seu funcionamento pleno é que esses terão condições de mobilizar a sociedade em prol de políticas públicas que garantam as condições para a implantação da educação integral em escolas de tempo integral.

CONSIDERAÇÕES FINAIS

A riqueza desta discussão foi se configurando, à medida que compreende-se e trata-se a educação e a gestão da escola pública como um direito de todos, garantido na legislação. Contudo, não basta apenas a garantia legal. É necessário que os atores sociais acreditem e percebam a necessidade de participar, buscado assim efetivar a sua cidadania.

A pesquisa revela que, para a melhoria do ensino e um melhor desenvolvimento dos educandos, é necessário que esses se tornem construtores de sua própria história e, para tal, desde a infância aprendam a criticar e decidir, pois todo ato decisório implica em assumir responsabilidades. É nesse sentido que acredita-se na Educação Integral como precursora da formação humana.

Sendo os Conselhos Escolares um dos principais eixos para a construção e efetivação da Política Pública de Educação Integral em Escolas de Tempo Integral, para que esta venha a concretizar-se, é indispensável uma mobilização constante da sociedade civil e, principalmente, da comunidade escolar e local. Entende-se que é de suma importância que os membros dessa comunidade sintam o desejo de participarem ativamente do processo educativo, porém é imprescindível que se percebam como parte integrante da história local e da escola.

A proposta de educação integral constitui-se um dos desafios a ser enfrentado pela União, Estados e Municípios, na busca de firmá-la como uma política de estado.

Durante as discussões nesta pesquisa, ficou claro que a luta por uma educação integral em escolas públicas de tempo integral tem seu caráter embrionário desde a década de 30, fortalecendo-se com os ideais de Anísio Teixeira e Darcy Ribeiro. Ampliar os tempos e as oportunidades educativas não é tarefa fácil e requer dos governantes vontade política. Da sociedade civil, espera-se resistência, luta e reivindicações.

O Programa Mais Educação implantado na Rede Municipal de Ensino de Alagoinhas, em 2010, como uma ação estratégica para a implantação da política pública de educação em tempo integral, chegou às escolas por meio do Programa Dinheiro Direto na Escola Integral – PDDE/INTEGRAL (2007).

Entretanto, para que essa política se efetive, há necessidade de que a sociedade civil, representada nos conselhos municipais e conselhos escolares, reivindique as condições materiais, a qualidade dos profissionais e fiscalizem junto aos órgãos governamentais e as escolas, no sentido de que as atividades sejam desenvolvidas como preconiza a legislação e o termo de adesão assinados pela União, gestor municipal e escolas.

Acredita-se que a proposta apresentada como ação indutora da educação integral viabilizará e dará condições para que as Redes de Ensino possam estruturar-se para implantar e implementar a Educação Integral, enquanto política pública, visto que, a partir dessa modalidade educacional, os sistemas de ensino poderão propiciar uma educação que promova a formação humana.

Em síntese, pode-se dizer que o trabalho reflexivo, coletivo e democrático configura-se um dos pontos fundamentais para a conscientização dos sujeitos envolvidos no contexto das instituições educacionais.

A promoção, na Escola, de momentos reflexivos, criativos e prazerosos que contribuam para o fortalecimento do processo de conscientização da comunidade escolar para com sua responsabilidade na participação dos processos decisórios constitui-se elemento corroborador da sua autonomia.

Essa autonomia se concretiza a partir do momento em que todos os atores que compõem a escola passam a compreender o sentido prazeroso do construir juntos a gestão dos programas, projetos e ações da escola.

Nesse sentido, entende-se que os Conselhos Escolares só virão a exercer plenamente as suas funções quando os membros da comunidade escolar realmente compreenderem os princípios da democracia, os quais envolvem a descentralização do poder, o respeito à diversidade, a pluralidade, a autonomia, o saber ouvir e o decidir coletivamente em função de um objetivo comum.

Chega-se até aqui compreendendo que a participação popular que intervém no planejamento, nas decisões e no controle das políticas públicas requer o cidadão ativo, que escolhe seus representantes conscientemente.

Dessa forma, considera-se de fundamental importância a participação da comunidade escolar no processo de construção da gestão democrática e, para tal, é necessário que essa esteja bem informada para, assim, poder exercer plenamente o seu papel de partícipe do processo democrático. Nesse sentido, é de suma importância ter-se um cuidado especial com a comunicação, buscando valorizar a diversidade cultural das comunidades da qual as escolas fazem parte.

Não foi objetivo deste livro dar receitas, mas possibilitar a reflexão a partir da compreensão das ações necessárias para que os Conselhos Escolares possam mobilizar a comunidade escolar e local, para reivindicar junto ao governo municipal políticas públicas que efetivem a educação integral nas escolas municipais de Alagoinhas-BA. A pesquisa nos revelou que para que isso se concretize não há fórmula pronta que atenda a todos os Conselhos. Cada um pode e deve buscar seu próprio caminho de acordo com suas reais necessidades, características e constituição, tomando como base a legislação e os importantes aspectos educacionais que envolvem a questão. Sendo assim, para finalizá-lo, algumas considerações se fazem necessárias.

Segundo todos os referenciais teóricos que nortearam esta pesquisa, para o pleno funcionamento dos Conselhos e consequentemente para que esses tenham poder de mobilização na busca de Políticas Públicas de Educação Integral em Escolas de Tempo Integral, faz-se necessário a participação ativa da escola e da sua comunidade no exercício democrático da cidadania. Como a escola está inserida na sociedade e dela faz parte, entende-se que não há exercício democrático na escola se não houver na sociedade como um todo.

Para o pleno exercício democrático e a participação cidadã, é necessária a disseminação das informações legais para todos os envolvidos. As pessoas precisam conhecer, discutir e compreender o significado e a importância da Educação Integral e as legislações que tratam do assunto. É importante também que a comunidade escolar conheça e compreenda as instâncias do sistema educacional, suas respectivas funções e como estão organizadas.

O exercício da participação cidadã, efetivamente, acontece a partir do sentimento de pertencimento. É esse sentimento que faz com que a comunidade se sinta integrante e responsável pela escola, pelas ações e projetos que juntos possam desenvolver. Nesse sentido, para participar, a comunidade precisa sentir que "pertence" à escola e que a escola também "pertence" a ela.

A participação também é importante para a percepção das questões referentes à inclusão/exclusão. É preciso acreditar que é possível reduzir a exclusão social, tornando a sociedade menos injusta. Nesse sentido, a mudança social é viável e a escola pode contribuir e tem responsabilidade nisso. Inicialmente, buscando promover o exercício da democracia no seu próprio seio, como também favorecendo a discussão destas questões na sua comunidade.

A participação da comunidade na escola representada por seu conselho escolar constitui-se elemento de suma importância para a efetivação da educação integral em escolas de tempo integral.

Para finalizar, como pesquisadora, recomenda-se deixar reconhecida a importância do Programa Mais educação enquanto ação indutora da Política Pública de Educação Integral em Escolas de Tempo Integral. Entretanto, é importante deixar claro que é preciso que a sociedade civil, representada nos conselhos escolares, parta para o enfrentamento e reivindique dos governantes condições para o funcionamento das atividades de tempo integral, como: infraestrutura, recursos materiais e humanos, alimentação adequada aos estudantes e a elaboração de uma proposta pedagógica que garanta a eles o acesso e o direito a outras atividades educativas, de lazer e cultura na rede pública de ensino.

REFERÊNCIAS

ABRANCHES, Mônica. **Colegiado escolar:** espaço de participação da comunidade. São Paulo: Cortez, 2003.

ALAGOINHAS. **Lei nº 2.294, de 06 de julho de 2015.** Aprova o Plano Municipal de Educação. 2015.

ALFANDÉRY, Héléne. **Henri Wallon.** Tradução de Patrícia Junqueira. Recife: Massangana – Fundação Joaquim Nabuco, 2010.

ANDRÉ, Marli Eliza Dalmazo Afonso de. **Etnografia da prática escolar.** Campinas: Papirus, 1995. (Série prática pedagógica).

ANTUNES, Ângela. **Aceita um Conselho?** Como organizar o colegiado escolar. São Paulo: Cortez, 2002.

ARANHA, Maria Lúcia de Arruda. **História da Educação.** São Paulo: Moderna, 2003.

BAHIA. **Constituição do Estado da Bahia.** Salvador: Assembleia Legislativa do Estado da Bahia, 1989.

BOBBIO, Norberto. **Estado, governo, sociedade:** para uma teoria geral da política. 12 ed. São Paulo: Paz e Terra, 2005.

BRASIL. **Constituição da República Federativa do Brasil.** Brasília, DF: Senado Federal: Centro Gráfico, 1988.

BRASIL. **Lei nº 4.024, de 20 de dezembro de 1961.** Fixa as Diretrizes e Bases da Educação Nacional. Brasília, 1961.

BRASIL. **Lei nº 5.540, de 28 de novembro de 1968.** Fixa normas de organização e funcionamento do ensino superior e sua articulação com a escola média, e dá outras providências. Brasília, 1968.

BRASIL. **Lei nº 5.692, de 11 de agosto de 1971.** Fixa Diretrizes e Bases para o ensino de 1° e 2º graus, e dá outras providências. Brasília, 1971.

BRASIL. **Lei nº 7.044, de 18 de outubro de 1982.** Altera dispositivos da Lei nº 5.692, de 11 de agosto de 1971, referentes a profissionalização do ensino de 2º grau. Brasília, 1982.

BRASIL. **Lei n° 9.394, de 20 de dezembro de 1996**. Dispõe sobre as Diretrizes e Bases da Educação Nacional. Brasília, 1996.

BRASIL. **Lei n° 10.172, de 10 de janeiro de 2001**. Aprova o Plano Nacional de Educação e dá outras providências. Brasília, 2001.

BRASIL. **Lei nº 11,494, de 20 de junho de 2007**. Regulamenta o Fundo de Manutenção e Desenvolvimento da Educação Básica e de Valorização dos Profissionais da Educação - FUNDEB, de que trata o art. 60 do Ato das Disposições Constitucionais Transitórias; altera a Lei no 10.195, de 14 de fevereiro de 2001; revoga dispositivos das Leis nos 9.424, de 24 de dezembro de 1996, 10.880, de 9 de junho de 2004, e 10.845, de 5 de março de 2004; e dá outras providências. Brasília, 2007.

BRASIL. **Resolução nº 03, de 01 de abril de 2010**. Dispõe sobre os processos de adesão e habilitação e as formas de execução e prestação de contas referentes ao Programa Dinheiro Direto na Escola (PDDE), e dá outras providências. Brasília, 2010a.

BRASIL. **Decreto nº 7.083, de 27 de janeiro de 2010**. Dispõe sobre o Programa Mais Educação. Brasília, 2010b.

BRASIL. **Portaria Interministerial nº 17, de 24 de abril de 2007**. Institui o Programa Mais Educação, que visa fomentar a educação integral de crianças, adolescentes e jovens, por meio do apoio a atividades sócio-educativas no contraturno escolar. Brasília, 2007.

BRASIL. MEC. **Parecer CNE/CEB nº. 16/99, de 05 de outubro de 1999**. Diretrizes curriculares nacionais para a Educação Profissional de Nível Técnico. Brasília, 1999.

BRASIL. MEC. **Programa Nacional de Fortalecimento dos Conselhos Escolares**. Cadernos 1 a 10. Brasília, 2004.

BRASIL. MEC. **Programa Mais Educação**: passo a passo. Brasília: Ministério da Educação, Secretaria de Educação Continuada, Alfabetização e Diversidade, 2011.

BOBBIO, Norberto; MATTEUCI, Nicola; PASQUINO, Gianfranco, **Dicionário de Política**. Tradução de Carmen C. Varriale *et al*. Coordenação da tradução de João Ferreira; revisão geral de João Ferreira e Luis Guerreiro Pinto Cascais. 4. ed. Brasília, DF: Editora Universidade de Brasília, 1992. v. 2.

BRODBECK, Rafael Vitola. A concepção de Direito no juspositivismo, no jusalternativismo e nas diferentes escolas jusnaturalistas. **Jus.com**, [*s. l.*], 2004. Disponível em: http://jus2.uol.com.br/doutrina/texto.asp?id=5621. Acesso em: 18 set. 2016.

CÂNDIDO, Antônio: **A Revolução de 1930 e a cultura**, São Paulo: Cebrap, 1984. p. 28.

CHAUI, Marilena de Souza. **Ideologia neoliberal e universidade**. *In:* OLIVEIRA, Francisco de; PAOLI, Maria Célia (org.). Os sentidos da democracia - políticas do dissenso e hegemonia global. 1 ed. São Paulo: Editora Vozes: NEDIC: FAPESP, 1999. p. 27-51.

DELORS, Jacques (coord.). Os quatro pilares da educação. *In:* DELORES, Jacques. **Educação:** um tesouro a descobrir. São Paulo: Cortez, 1999. p. 89-102.

DIAS, Reinaldo. **Fundamentos de Sociologia Geral**. 3. ed. Campinas, SP: Alínea, 2006.

FAUSTO, Boris. **A Revolução de 1930**. 11. ed. São Paulo: Editora Brasiliense, 1997.

FAUSTO, Boris. **História do Brasil**. São Paulo: Universidade de São Paulo, 1995.

FILHO, Lourenço M. B. **Introdução ao estudo da Escola Nova**. São Paulo: Melhoramentos, 1978.

FREIRE, Paulo. **Pedagogia da autonomia:** saberes necessários à prática educativa. 25. ed. São Paulo: Paz e Terra, 2002.

FREIRE, Paulo. **Extensão ou comunicação?** Rio de Janeiro: Paz e Terra, 1983.

FREIRE, Paulo. **Política e educação**. São Paulo: Cortez, 1997. p. 119. (Coleção Questões da nossa época).

GADOTTI, Moacir. **Pedagogia das práxis**. 4. ed. São Paulo: Cortez, 1995.

GADOTTI, Moacir. **Escola cidadã**. 11. ed. São Paulo: Cortez, 2006.

GADOTTI, Moacir. **Educação Integral no Brasil**: inovações em processo. São Paulo: Livraria Instituto Paulo Freire, 2009.

GADOTTI, Moacir. **Pedagogia da Práxis**. 4. ed. São Paulo: Cortez, 2004.

GADOTTI, Moacir; ROMÃO, José E. (org.). **Autonomia da escola:** princípios e propostas. 5. ed. São Paulo: Cortez, 2002.

GHIRALDELLI JUNIOR, Paulo. **História da Educação**. 2. ed. São Paulo: Cortez, 2001.

GOHN, Maria da Glória. **Os sem-terra, Ongs e cidadania:** a sociedade civil brasileira na era da globalização. São Paulo: Cortez, 1997.

GOHN, Maria da Glória. **Movimentos Sociais e Educação**. 8. ed. São Paulo: Cortez, 2012

HARNECKER, Marta. **Os Conceitos Elementares do Materialismo Histórico**. São Paulo: Global, 1983.

HARNECKER, Marta; URIBE, Gabriela. **Explorados e Exploradores**. São Paulo: Global, 1979.

KOSHIBA, Luiz; PEREIRA, Denise ManziFrayze. **História do Brasil**. São Paulo: Atual, 1979.

LIMA, Licínio C. **Organização escolar e democracia radical**: Paulo Freire e a governação democrática da escola pública. 2. ed. São Paulo: Cortez, 2002.

LUDKE, Menga; ANDRÉ, Marli. **Pesquisa em educação:** abordagens qualitativas. São Paulo: EPU, 1986

LÜCK, Heloísa. **Concepções e processos democráticos de gestão educacional**. 2. ed. São Paulo: Vozes, 2006.

MAY, Tim. **Pesquisa social**: questões, métodos e processos. Porto Alegre: Artmed, 2004.

MARX, Karl; ENGELS, Friedrich. **Obras Escolhidas**. São Paulo: Alfa-Ômega, 1859. v. 1, p. 300-312.

MOLL, Jaqueline (org.). **Educação Integral**: texto referência para o debate nacional. Brasília: MEC: Secad. 2009. (Mais Educação).

MOLL, Jaqueline (org.). **Caminhos da Educação Integral no Brasil:** direito a outros tempos e espaços educativos. Porto Alegre: Penso, 2012.

MORIN, Edgar. **Os sete saberes necessários à educação do futuro.** São Paulo: Cortez: UNESCO, 2000.

MUNARI, Alberto. **Jean Piajet 1896-1980**. Tradução de Daniele Saheb. Recife: Massangana – Fundação Joaquim Nabuco, 2010.

NADAI, Elza; NEVES, Joana. **História do Brasil: da colônia à república**. 5. ed. São Paulo: Saraiva, 1984.

OLIVEIRA, Anna C.; HADDAD, Sérgio. As organizações da sociedade civil e as ONGs de educação. **Cadernos de Pesquisa**, São Paulo, n. 112, p. 61-87, mar. 2001.

PADILHA, Paulo Roberto. **Planejamento dialógico**: como construir o projeto político-pedagógico da escola. 5. ed. São Paulo: Cortez, 2005.

PARO, Vitor H. **Por dentro da escola pública**. 2. ed. São Paulo: Xamã, 1996.

PINSKI, Jaime. **As primeiras civilizações**. São Paulo: Atual, 1994.

ROMANELLI, Otaíza de Oliveira. **História da educação no Brasil**. 19. ed. Petrópolis: Vozes, 2001.

ROSENFIELD, Denis L. **O que é democracia**. 5. ed. São Paulo: Brasiliense, 1994.

SAVIANI, D. **Escola e Democracia**. São Paulo, Cortez, 1985.

SCHEINVAR, Estela; ALGEBAILE, Eveline (org.). **Conselhos participativos e escola**. Rio de Janeiro: DP&A, 2004.

SILVA, Luiz Heron (org.) *et al*. **A escola cidadã no contexto da globalização**. 5. ed. Petrópolis: Vozes, 2001. p. 308-319.

SPOSITO, Marília. **O povo vai à escola**. São Paulo: Loyola, 1984.

TEIXEIRA, Anísio. **Educação não é privilégio**. 6. ed. comentada por Marisa Cassim. Rio de Janeiro: Editora da UFRJ, 1994.

TEIXEIRA, Anísio. Educação - problema da formação nacional. **Revista Brasileira de Estudos Pedagógicos**, Rio de Janeiro, v. 29, n. 70, p. 21-32, abr./jun. 1958. Disponível em: http://www.bvanisioteixeira.ufba.br/artigos/educacao.html acesso: 22 fev. 2017.

TEIXEIRA, Anísio. Centro Educacional Carneiro Ribeiro. **Revista Brasileira de Estudos Pedagógicos**, Rio de Janeiro, v. 31, n. 73, p. 78-34, jan./mar. 1958. Disponível em: http://www.bvanisioteixeira.ufba.br/artigos/educacao.html. Acesso em: 22 fev. 2017.

VALE, Ana Maria do. **Educação Popular na Escola Pública**. 3. ed. São Paulo: Cortez, 2001.

VYGOTSKY, Lev. S. **Pensamento e Linguagem**. São Paulo: Martins Fontes, 1991.

WERLE, Flávia Obino C. **Conselhos Escolares**: implicações na gestão da escola básica. Rio de Janeiro: DP&A, 2004. p. 9-44.